日本の黎明（あけぼの）

神宿る沖ノ島

――古代日本人が見えてくる

沖ノ島祭祀遺跡（イラスト）　北野陽子

目次

第2章　岩陰祭祀と『記紀』：天の岩屋戸の時代

第3章　死後の世界

第6章 韓国の竹幕洞祭祀遺跡

第7章 女人禁制考と「みあれ祭」

終　章　おわりに

序章

はじめに

沖ノ島（遠景）

沖ノ島の祭祀遺跡

沖ノ島（おきのしま）は、九州本土から約60キロメートル、韓国の釜山から約145キロメートル離れた玄界灘に浮かぶ周囲4キロメートルの孤島で、日本列島と朝鮮半島の海域に位置し、古代より朝鮮半島との通交路上の重要な島でした。

沖ノ島の巨岩は、神霊の依り代（よりしろ）や磐座（いわくら）という観念を超えて、その存在そのものが、途方もなく「霊的」と、古代の人は考えたことでしょう。なぜなら、海上に浮かぶ孤島という立地条件それ自体が「異界感（いかいかん）」や「常世感（とこよかん）」を持たせる上に、遥か水平線上に朝日を望むことのできる巨石（群）は、古代人、とりわけ海人族（あまぞく）には、「霊的」で、

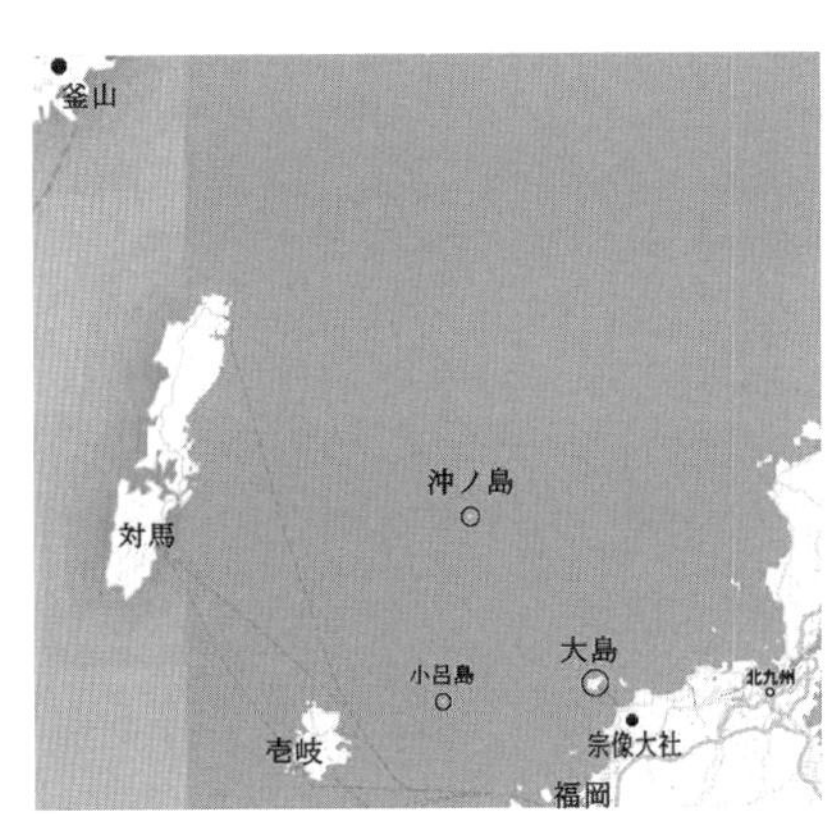

神霊が常に宿っていると感じられたことでしょう。


自然ですね、完全な。

不思議な感覚ですね。

街中で死ぬのはこわいですけど、
ここならわりと普通というか。

動物も全部死んだりするし、
生まれたり死んだりするのが、（普通に）することの感覚と近いですよね。

街に行くと人間が生まれてくることとか、もの凄く異常事態に感じられるじゃないですか、人間が死ぬとか。

非日常的なことなんですけど。

確かに神さまはいますよね。


これは、２０１５年の12月13日に放送された福岡の放送局ＲＫＢ制作のテレビ番組「又吉直樹 神の島を行く〜宗像大社と出光佐三」で、芥川賞作家の又吉直樹が、沖ノ島の巨岩の上から海を見渡しながら語った言葉です。

国家祭祀の最重要祭祀は、かつては冬至の頃に行われていた日神を祀る新嘗祭です。巨岩そのものが磐座として信仰の対象であった時代、冬至の頃に南東の海の彼方から美しい朝日が望める沖ノ島は、日本列島で国家祭祀を営むのに最適の地と、古代の人は思ったことでしょう。

沖ノ島は「一木一草たりとも持ち出してはならぬ」という掟のために、1954年から学術調査が実施されるまでの長い間、まるでタイムカプセルのように、ほぼ手つかずの状態で、古代の祭りの跡が保存されていました。そのタイムカプセルから目を覚ましたご神宝の数は約8万点に及び、「海の正倉院」と呼ばれています。

古代の祭りの跡がごっそりタイムカプセルに納められた時代は、4世紀から9世紀。祭りの遺跡とご神宝の数々は、その間、沖ノ島で営まれた古代の祭りの変遷と姿を研究する上で、また、国宝級の舶載品や新羅系遺物の数々は、日本と東アジアとの関係を研究する上で、そして、沖ノ島が国家的な祭場であったことを確認する上で、貴重な資料となっています。

7世紀後半には、祭りの場は沖ノ島から大島と九州本土にも広がり、沖ノ島の沖津宮、大島の中津宮、九州本土・宗像市の辺津宮という宗像三女神を祀る宗像大社が成立します。祀られる宗像三女神は、『古事記』『日本書紀』の神話にも登場します。

『日本書紀・神代上（一書第一）』は、「宗像三女神は、天照大御神と素戔嗚尊のうけいの勝負で天照大御神がお生みになった三柱の女神で、天照大御神が葦原の中国に天降らせられた。そして『お前達三柱の神よ、海路の途中に降り居て、天孫を助け奉って、天孫のために祭られよ（原文「汝三神、宜降居道中、奉助天孫而為天孫所祭也」）』と教えて仰せられ」と、宗像三女神のことを記しています。

この神勅は、宗像三女神《宗像大社の沖津宮、中津宮、辺津宮の三社の女神の名は『古事記』と『日本書紀』で異なる。現在、各社の祭神は、沖津宮が田心姫神、中津宮が湍津姫神、辺津宮が市杵島姫神》が、宗像大社の沖津宮のある沖ノ島に天孫、つまり、歴代天皇を守護する神として天降った神とされ、沖ノ島は『記紀』が編纂された時代には、国家公認の国家的な祭場であったことを伝えています。また『日本書紀』の「雄略九年春二月一日、凡河内直香賜と采女を遣わして、宗像の神を祭らせた」の記述から、雄略天皇の時代も、そしてその時代から、沖ノ島が国家的な祭場であったと考えられます。

沖ノ島の祭祀遺跡は、その祭りの形態から四つの段階に分けられています。

○第一段階（4世紀後半～5世紀）の岩上祭祀
○第二段階（5世紀後半～7世紀）の岩陰祭祀
○第三段階（7世紀後半～8世紀前半）の半岩陰・半露天祭祀
○第四段階（8世紀～10世紀初頭）の露天祭祀

古代、第一段階の岩上祭祀と第二段階の岩陰祭祀の祭場において、どのような人が、どのような宗教観で、どのような祭りを行っていたのでしょうか？　本書は、『記紀』の記述を重要参考資料とし、折口信夫(おりぐちしのぶ)など先人達の知恵を拝借しながら、その謎を解き明かすべく試みたものです。その結果、見えてきた祭りの姿をいくつか断定的に述べさせていただくと、次のようになります。

○沖ノ島の岩上祭祀の祭りの始まりは、冬至の頃に行われる日神を祀る祭りであったこと。

○沖ノ島の岩陰祭祀の祭りに見られるプロセスが、『古事記』や『日本書紀』のモデルになったこと。

○天照大御神と素戔嗚尊のうけいの勝負と同じ「神々を顕現させる」儀式が沖ノ島で行われていたこと。

○祭りの斎主は女性だったこと。

○女性斎主は鉄の板をかぶり物にしたこと。

○祭祀品は土に埋めて神さまの国に帰したこと。

また、謎解きをする過程で、古代の神祭りと葬儀の実際の姿や古代人のものの考え方が面白いように見えてきました。

○古代人は、死と埋葬をどう考えていたか。
○古代人は、鏡や剣や銅鐸などの祭祀品をなぜ割ったか。
○古代人は、神さまの色は何色と考えたか。
○古代人は、装飾古墳にどういう宗教観で、何の絵を描いたか。
○前方後円墳は何の形なのか。
○神さまの分祀分霊の思想はどのようにして生まれたか。
○宗像三女神や住吉三神など三神一組の思想はどのようにして生まれたか。
○三角縁神獣鏡の三角の縁は何を表わすのか。
○神宮・神社祭祀の思想と古墳時代の墳墓造りの思想はいつ、どこで生まれたか。

古代人は、なぜ死者を甕棺(かめかん)に葬ったのか、なぜ古墳は円形なのか、なぜ死者の棺から絹の繊維が出てくるのか、なぜ剣や銅鐸などをまとめて地中に埋めたのかなどの謎も解けました。なぜ高松塚古墳の石室に正月の儀式の図が描かれたのかの謎も、また、なぜ持統天皇は文武天皇に譲位したのかの謎も解けました。

新羅系金銅製馬具類が出土した謎の船原古墳遺物埋納坑と積み石だけで造られた謎の古墳群「相島積石塚群」の謎解きも試みました。

勾玉（まがたま）が何を象（かたど）ったものかの謎も解けました。謎の多い子持勾玉（こもちまがたま）が何であるのかも推理しました。

自ずと、なぜ神祭りの祭祀品と古墳の副葬品とが似たものが多い「葬祭未分化」に見える状況が起こったのかの謎も解けました。

沖ノ島の祭祀遺跡からは、ペルシャ製のカットグラス碗や中国製とされる金銅製龍頭や新羅製と見られる金製指輪や新羅系馬具の金銅製馬具などが見つかっています。それらの祭祀品について、様々な文献資料や発掘報告書などをもとに、渡来ルートを含め、可能な限り検証しました。

そして、最後に沖ノ島が女人禁制の島になった謎解きを行いました。すべてが、わたしにとって、楽しい謎解きでした。謎解きに当たっては、謎解きに至る過程をわかりやすくするために、謎解き資料の引用を意識的に行いました。それらの資料は、記憶されるべき文化遺産として重要なものばかりです。
どうぞ気持ちは、古代人になってお読み下さい。

第1章

岩上祭祀：日神の祭りの時代

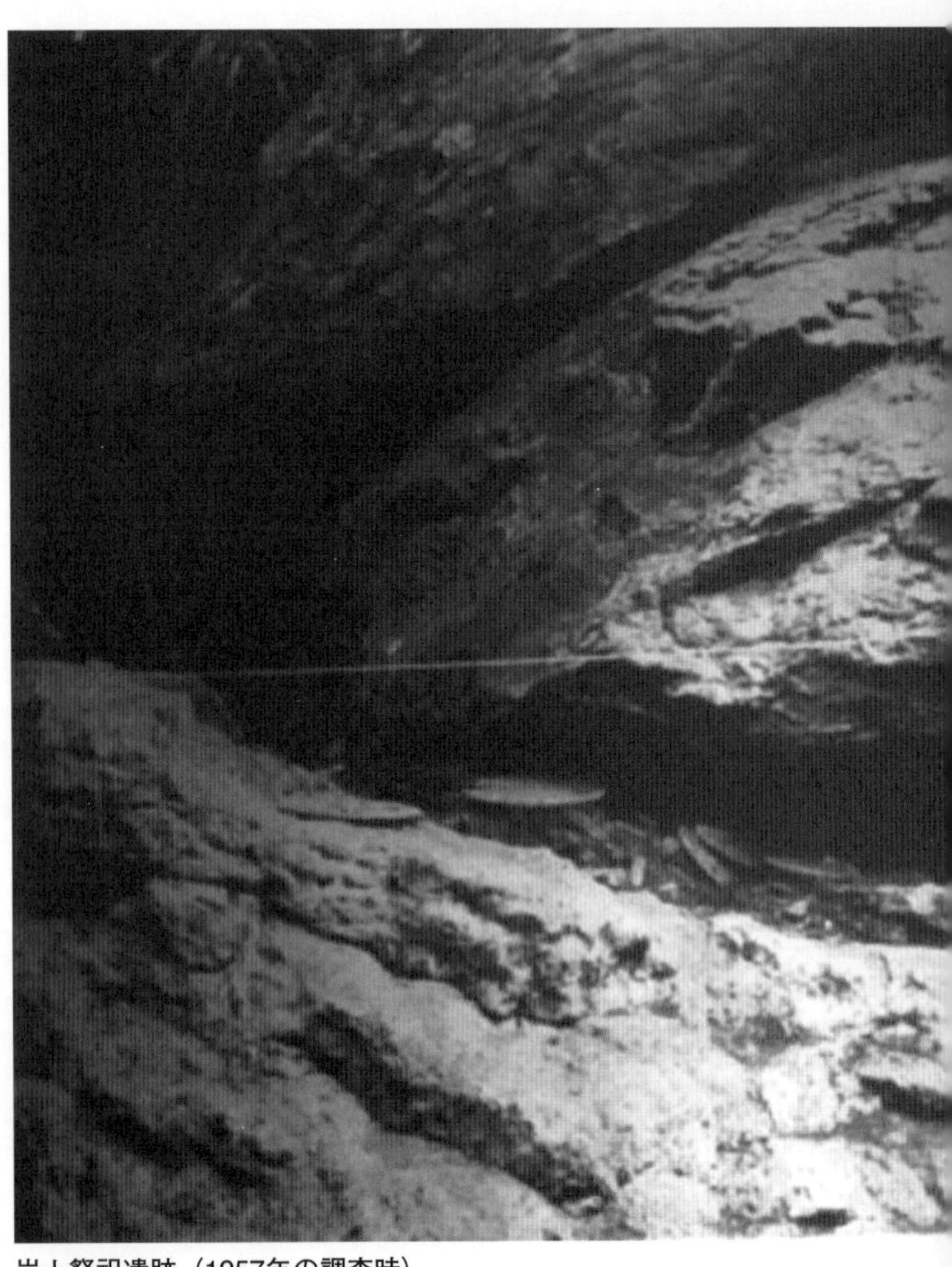

岩上祭祀遺跡（1957年の調査時）

日神を招く巨岩の上の祭り

沖ノ島の南側の平坦地を含む傾斜地に巨岩が連なる「黄金谷（おうごんのたに）」と呼ばれる峡谷があります。岩上祭祀遺跡は、その峡谷のほぼ中央の巨岩と北東側の巨岩の周辺にあります。遺跡からは三角縁神獣鏡（さんかくぶちしんじゅうきょう）や内行花文鏡（ないこうかもんきょう）などの銅鏡や車輪石（しゃりんせき）、石釧（いしくしろ）などの碧玉製（へきぎょくせい）腕輪、鉄製の武器や工具、ミニチュア祭祀品の滑石製（かっせきせい）模造品、鉄鋌（てってい）など、古墳時代の前期から中期の副葬品に通じる祭祀品が出土しています。

沖ノ島の岩上祭祀の時代、沖ノ島では、巨岩の上で祭りを行っていたことが、発掘調査からわかっています。現在、岩にしめ縄を張り、あるいは、岩を玉垣（たまがき）で囲って磐座（いわくら）として祀っている風景は、神社の神域などでよく目にする風景ですが、岩に対してではなく、岩の上で祭りを行うということは、どういうことなのでしょうか？

次の古文献の記述をお読み下さい。

○高皇産霊尊、因りて勅みことのりして曰く、吾は天津神籬及び、天津磐境を起こし樹てて、当に吾孫の為に斎ひ奉らむ。（『日本書紀・神代上』）

○五十鈴原の荒草・木根を苅り掃ひ、大石・小石を造り平げて、遠山・近山の大峡・小峡の立木を斎部の斎斧で伐り採り、本末は波山祇に奉祭り、中間を持出し来て斎鋤で斎柱を立て（一名天御柱、一名心御柱）、高天原に千木高知りて、下つ磐根に大宮柱広敷立て、天照太神並びに荒魂宮和魂宮と鎮まり坐し奉る。（『倭姫命世紀』）

二例ともに神話の時代の祭場の造り方を記した記述です。前者は天照大御神（以後アマテラス大御神）が皇孫を祀るときの記述で、後者は倭姫命がアマテラス大御神を祀るときの記述です。前者は「天津磐境を起こし樹て。つまり、高い岩の台の祭場を造って」、後者は「下つ磐根に。つまり、岩を下にして祭場を造って」祭りを行っています。

『日本書紀・神武天皇』には、神武天皇の名を神日本磐余彦火火出見天皇と言い、

「畝傍の橿原に御殿の柱を大地の底の岩にしっかりと立てて、高天原に千木高くそびえ、はじめて天下を治められた天皇」の意と記されています。これは天皇の宮の柱（ご神木）は、岩の上に立てられたことを表わす内容で、国のマツリゴトを行う天皇家の神殿造りの、それはつまり宗教観の根本を天皇の名前に表わしたものと思われます。前出の『倭姫命世紀』の記述内容とよく似た内容です。

この『日本書紀』の記述は辛酉の年（紀元元年）の正月の神武天皇の初代天皇即位にともなう記述ですが、本書では、『正月』、『新嘗祭』、『冬至』が謎解きのキーワードになります。

折口信夫は「古代の人々は霊魂や神のことを『たま』と呼んだ。日本の古代には、『たま』は石の中にも宿り、神が石になるという信仰があった。そのような信仰には、『たま』がよそからやって来て石に宿るという場合と、既に『たま』が宿った石が他界からやって来るという場合があった」と述べています。現代も磐座やパワーストーンなど、石への信仰はありますが、古代の人々は、現代人以上に、石は神が宿る特別な物として見ていたと考えられます。

岩の上で祭りを行ったのは、おそらく「日神（たま）を岩（石）に招き迎えるため」だったのではないでしょうか？　その仮説のもとに、話を進めたいと思います。

古代の人はそうするためにどうしたのでしょうか？

下つ磐根の上に（岩の上に）、大石・小石を造り平げて（石を並べて祭壇を造り）、斎柱を立てて（ご神木を立て）、お祭りをしました。奇跡的に祭場跡が残る沖ノ島の祭祀遺跡群のほぼ中央に位置する巨岩（F号と名付けられています）の上の21号遺跡（遺跡には号数が付けられています）の場合、巨岩の磐座の上を祭場とし、その祭場には割石（わりいし）を方形状に敷いた祭壇が造られ、その中央に大石が据え置かれています。神籬（ひもろぎ）は大石に接して立てられていたも

F号巨岩上の21号遺跡

のと考えられます。

岩の上で、何の祭りをしたのでしょうか？

沖ノ島の祭祀遺跡群は、南東の海上を見渡すのに都合のよい位置にあります。21号遺跡は、祭場の方角が海側の冬至の日の日の出の方角に向いています。この遺跡の祭場跡には祭壇がきちっと残されていることから、この遺跡に見られる祭場の構造が、皇室系宮中・伊勢神宮祭祀の「はじまりの形〜下つ磐根の上に（岩の上に）、大石・小石を造り平げて（石を並べて祭壇を造り）、斎柱を立てて」の実物と見て間違いないでしょう。ご神木は中央の大石に結びつけて起こし立てられたものと見ています。

祭祀遺跡群の東端には、複数の巨岩が二重三重に重なり合って巨岩のかたまりを作っています。その一番上の巨岩（I号と名付けられています）には、その巨岩の上に遺跡（18号）、そしてその周縁には、巨岩（I号）の岩陰で、その下方に位置する巨岩の上に三つの遺跡（16号、17号、19号）があります。これら三つの遺跡は、大小の石の無造作な配置や21号遺跡やそののちの時代の遺跡から出土するミニチュア祭祀品の滑石製模造品が未出土などの状況から見て、「はじまりの形」が形作られるやや前の未整理な段階と推定されます。I号巨岩を中心にした巨岩のかたまりのある場所が、沖ノ島の祭祀遺跡群における祭りの「はじまりの場所」であったと見て、間違いないでしょう。

I号巨岩周縁の遺跡

鏡などの祭祀品は岩上祭祀遺跡の巨岩の上や巨岩の周縁の巨岩の上から出土しています。それは神さまは祭りが終われば、天空に帰すという宗教観が働いての、天空を見渡せる岩の上やその周縁への埋納だったのでしょうか。この時代はそう考えたかも知れません。しかし、もしそうであるなら、岩上祭祀の時代以後も同じような場所に祭祀品を埋納したはずです。ところが、どの時代も祭祀品が出土した場所は、祭場内と見られる域内から出土しているのです。それはなぜでしょうか？

わたしの推理はこうです。

一、古代の人は、祭りに用いた祭祀品を埋納する場所を祭場と決めていた。

二、古代の人は、祭りに用いた祭祀品を祭場内の土に埋めるものと信じていた。

古代の人は、なぜこのように考えたのでしょうか？

それは古代の人は「土＝神」と考えていたようだからです。そのヒントを後に「住吉三神と筒の意味と三神一組の起源」（第５章）に書いています。それはおそらく、稲の苗を植えれば、根を張り、成長し稲が実る。そうした土の力に神さまを見たのでしょう。

聖なる祭場に祭祀品を土に埋める（神なる土に帰す）その行為は、埋めると燃やすの違いがあるものの、今日、正月が終われば、正月の神さまを天空に帰す風習と通底する宗教観で一致すると見ています。

遷宮で撤下された伊勢神宮の神宝類は、明治の時代まで、燃えるものは燃やし、燃えないものは地中に埋められました。この行為も「土＝神」の宗教観に基づくものと見ています。

冬至の日神の祭り

冬至の日、太陽は東南東から昇り、南の方角へと空を低く移動して行きます。

○かつて、新嘗祭は11月下の卯の日、三卯あれば、中の卯の日におこなわれた。神座は黄緑の短帖、御座は白緑の半帖で、相対して東南神宮に設けられた。（真弓常忠『神と祭りの世界』）

○その（大嘗宮の神座であり寝座の）東側に短畳をもって、御座とし、東南神宮の方を向いている。その向こうに神の食薦を敷き、ここに神膳を供進するのである。（真弓常忠『神と祭りの世界』）

新嘗祭も大嘗祭も、日の出の位置する南東の方角を神の位置とし、天皇は東南の方角を向いて着座するとされています。

○新嘗祭はもとは陰暦11月中卯日であったから、冬至の日の前後にあたる。もっとも太陽の衰えた時刻である。その陽の極まった果てに、忌み籠って夕御饌をきこしめして、日神の霊威を身に体し、子刻（12時）には一旦退出されるが、暁の虎刻（午前4時）再び、神嘉殿（しんかでん）に御され、朝御饌をきこしめされて、一陽来復、復活した太陽＝日神とともに、天皇としての霊威を更新されて、若々しい『日の御子』『日嗣（ひつぎ）の御子』として、この現世に顕現されるものと解されるのである。（真弓常忠『神と祭りの世界』）

この真弓の天皇が行う新嘗祭についての考察は、新嘗祭の本質を識（し）り、理解する上で、重要な考察としてとらえるべきで、つまり、かつて最も太陽が衰えた冬至の日の前後に執り行われていた新嘗祭は、忌み籠ってお祓いの食事をすませ、翌日の日の出の頃から今度は新たな霊威をいただく食事をして、天皇は復活した太陽＝日神とともに、霊威を更新し、そして「新生・再生」した命で、新たな一年を送るための祭りと理解してこそ、冬至の頃に新嘗祭を執り行った古代人の宗教観の理解に、より近づけるものと思われるのです。

新嘗祭は『万葉集』にも詠まれていることからもわかるように、民間でも行われていた冬至の頃の日本古来の風習です。岩上祭祀の段階に沖ノ島で行われていた祭りは、新嘗祭の前の段階、言うなれば「原新嘗祭」（と名付けておきます）だったに違いないと見ています。そして、祭りが行われたのは、冬至の頃だったことでしょう。原新嘗祭は、旧年末（大晦日）にお祓いをして、新年に正月の神さまを迎えて、お神酒や餅をいただいて新年を祝う日本の年末・年始の行事の「はじまりの風習」と見ています。

○日神の新嘗（にひなへ）きこしめす時に、及至（およ）びて、素戔嗚尊、即ち新宮の御席の下に、陰に自ら送糞（くそま）る。（『日本書紀・神代上』）

日神を迎えようとするときに、お祓いを行った様子が読み取れます。新しい年を迎える前に行う大祓（おおはらえ）の儀式を「送糞る」という排泄行為で表現したものと考えられます。

○（高皇産霊尊）是に矢を取りて還して投げ下したまふ。………時に、天稚彦、新嘗して、休臥せる時なり。（『日本書紀・神代上』）

新嘗には休み籠って神霊が依りつくのを待った様子が読み取れます。この行為は喪に服する行為にも通じます。

○この年、新嘗の月に当りて、宴会の日をもって、酒を内外命婦等に賜ふ。（『日本書紀・仁徳天皇』）

新嘗の月には宴会が行われ、女性達に酒がふるまわれた様子と、その月には、女性が特別な存在と考えられていたことが読み取れます。この行為は巫女達による神楽と直会に通じます。

○大嘗に坐して、豊明したまひし時に、大御酒にうらげて大御寝ましき。（『古事記・履中天皇』）

大嘗の祭で酒宴を開き、酒に酔ってそのまま寝てしまった様子が読み取れます。「新嘗祭」と「大嘗祭」の区別は天武天皇以後明瞭化されますが、それ以前は必ずしも明瞭ではありませんでした。

日神を招き迎えるためにもっとも重要なものは、ご神木（神籬）です。神さまはご神木に降臨されるからです。ご神木の飾り付けの基本モデルは、「天香山に生える青々と葉の茂った榊の木を、根こそぎ掘り起こして、その上枝には500個の玉を緒に貫いた連珠の玉を取り付け、その中枝には八咫鏡、別名は真経津鏡を取り付け、その下枝には青い麻の和幣、白い木綿の和幣を垂らし」（『日本書紀・神代上』）の記述に求められます。

太陽をモチーフにしたご神木の飾りと呪具の玉

どんな祭祀品がご神木に飾り付けられたのでしょうか？

「沖ノ島の奥津宮のご神体は青蕤の玉」と『筑前国風土記』逸文に記されています。それを裏付けるかのように、沖ノ島の祭祀遺跡からは多種類の玉とブレスレットなど数種類の玉飾りが出土しています。沖ノ島の岩上祭祀の段階の時代に出土した玉の種類は、硬玉、碧玉、水晶玉、瑪瑙玉、滑石製臼玉、滑石製勾玉、滑石製子持勾玉、滑石製なつめ玉、滑石製管玉、硬玉製勾玉、ガラス製切子玉、ガラス製玉などです。

『古事記』を元にした日本の昔話「海彦と山彦」に、海の神さまの綿津見が弟の山彦に「潮満玉と潮乾玉という満潮と干潮を操作できる宝玉を渡して、兄がまだ怒っているようなら満潮にして溺れさせ、干潮にして助ける方法を繰り返して懲らしめてやりなさいと」告げる場面があります。この場面は、海人族にとって、玉が呪力を持つ宝玉であったことを教えてくれます。

『日本書紀』では、この場面の後に、おぼれ苦しむ兄の海彦が弟の山彦に救いを求めて、「わたしを助けてくれたら、わたしの末代まで、俳優の民となろう」と誓約する場面があります。『日本書紀』では、海彦の子孫のことを隼人と記しています。この誓約は日本の国家的祭祀の歴史を見た時、例えば、平安時代において、安曇氏や隼人が神楽や風俗歌舞の役を担っていたように、九州の海人族が歴代天皇の祭りを務める奉仕者であることを表現したものと考えて然るべきでしょう。宮廷神楽のはじめに「阿知女」と唱えて、阿知女を呼び出しますが、阿知女＝安曇女で、精霊の安曇の磯良を呼び出す意と解釈されています。

「海彦と山彦」は、九州の海人族が歴代天皇に従属する過程を描いた物語であるのと同時に、九州の海人族が日本の古代文化形成に重要な役割を果たしたことを伝える物語でもあるのです。そして、「わたしの末代まで、俳優の民となろう」の誓約は、天照大御神の神勅「奉助天孫而為天孫所祭也」と通底するものと言えるでしょう。

海人族の呪具とも言うべき玉と並んで多数出土しているのが、三角縁神獣鏡などの鏡類です。その総数は70面以上。弥生時代から古墳時代に墳墓から出土した銅鏡の中央には、鈕という穴のあいた突起があります。銅鏡は据え置くものではなく、本来、ひもなどを鈕に通して、ご神木に取り付けて飾ったのでしょう。種々の玉には穴があいていて、数珠状の輪にして、ご神木に飾ったのでしょう。また、石釧や車輪石などの円形の祭祀品も、ひもなどを輪に通して、ご神木に飾ったのでしょう。これらはすべて太陽をモチーフにした祭祀品で、日神を祭りの場に招き迎えるためにご神木に飾り付けられたと考えられます。そして、ご神木に招き迎えた神霊が遊離しないよう、和幣（にきて）の麻の布がきつく結ばれたと考えられます。

弥生時代から古墳時代の墳墓に埋納された銅鏡や勾玉も、埋納する前に、ご神木に飾って、神を招き迎える祭りを行ったと考えられます。それは葬祭儀礼の本葬の前に神を招き迎える祭りを行ったことを意味します。神を招き迎えて行った祭りとは、モガリ（殯）のことで、モガリについては、後の「モガリと本葬の二段階葬送儀礼」（第3章）で解説しています。

「（鏡をもって）彼の神の象（かたち）をあらわし造りて、招き禱（お）ぎ奉れ」（『日本書紀』）とされる鏡（銅鏡）の出土数の70面を超える多さが、岩上祭祀時代の沖ノ島の祭りが「日神の祭り」であったことをモノ語っています。銅鏡の数の多さを考えると、ご神木に飾らずに、祭場に並べ置く銅鏡もあったかも知れません。

『古事記・応神天皇』に、「新羅王子の天日槍（神功皇后はその子孫とされる）が渡来し、玉つ宝といひて、珠二貫、また浪振る比礼、浪切る比礼、風振る比礼、また奥つ鏡、辺つ鏡、并はせて八種」すなわち珠が二個、浪振比礼、浪切比礼、風振比礼、風切比礼、奥津鏡、辺津鏡の八種の神宝を持参したと記されています。

玉が二個、比礼（女性が首に掛けて左右から前に垂らすスカーフ）が四枚、そして鏡が二面。その鏡は、現在の宗像大社の沖津宮と辺津宮の鏡を指して創られた神話と考えられます。もしそうであったなら、天日槍が実在したか否かはともかく、沖ノ島

鏡の出土状況

の岩上祭祀の時代に、宗像に二箇所の祭場が存在し、その奥津鏡というのは、沖ノ島の岩上祭祀の祭りで起こし立てたご神木に飾り付けられた銅鏡で、玉ももしかしたら、沖ノ島の玉だったかも知れません。

新羅王子の天日槍が持参したとされる八つの神宝の比礼が、ご神木の飾り付けの基本モデルの「下枝には青い麻の和幣、白い木綿の和幣」の和幣だったとも考えられ、もしそうであったなら、『記紀』に記されたご神木の飾り付けの基本モデルの「上は玉、中が鏡、下が和幣」の三種と一致することになります。

祭りの斎主と酒宴

祭主は男性だったのでしょうか？

女性だったのでしょうか？

『日本書紀・神代上』によると、神武天皇が夢枕で「天の香具山の社の中の土を取って、平瓦（ひらがわら）を80枚造り、神酒を入れる瓶（かめ）を造り、天神地祇（てんじんちぎ）を祭りなさい」との日神のお告げやいくつかの神意を聴いた後、「天皇は丹生川の川上にある榊を根こじにして、榊をご神木にし、天神地祇、つまり天と地の神々を祭った。このときから神酒を入れる瓶を置くようになった」とされています。

この時に斎祭られた神は、アマテラス大御神ではなく、高皇産霊尊（たかみむすびのみこと）です。天皇は「お前（道臣命（みちのおみのみこと））を斎主とし、女性らしく厳姫（いつひめ）と名付けよう」と言っていますが、道臣命は実際には大伴氏（おおともうじ）の祖神で男性であって、女性ではありません。この件については、次の折口信夫の言葉に、読み解く鍵があります。

> ○国家意識の現れた頃は既に、日本の巫女道では大体に於て、神主は高級巫女の近親であつた。併（しか）し、其は我々の想像の領分の事で、而（しか）も、歴史に見えるより新しい時代にも、尚村々・国々の主権者と認められた巫女が多かつた。神功皇后は、其（はなはだ）である。上古に女帝の多いのも、此理由が力を持つて居るのであらう。男性の主権者と考へられて来た人々の中に、実は巫女の生活をした女性もあつたのではなからうか。此点に就ての、詳論は憚（はばか）りが多い。神功皇后と一つに考

へられ易い魏書の卑弥呼の如きも、其巫女としての呪術能力が此女性を北九州の一国主としての位置を保たして居たのであつた。

天皇は、「斎主は本来、呪術能力を擁する巫女であることが望ましかった。斎主が男性の場合、女性の名前を付けて、巫女と見なす方法を採った」のではないでしょうか？

では、なぜ巫女（女性）であることが望ましかったのでしょうか？

その理由は、女性は命を生む存在だったからなのではないでしょうか。そして、条件として、命を生む前の、呪術能力を擁する未婚の女性である必要があったと考えられます。

前述の神武天皇の夢枕の祭りから、ご神木の設置、天神地祇の祭り、神酒のお供えが、いわば国家的祭祀の基本三要素だったであろうことが読み取れます。それだけ、酒宴が古代の祭りの重要行事だったことを表わしています。

おそらく沖ノ島の岩上祭祀段階の祭りも、斎主は女性で、祭りでは酒宴が開かれたに違いありません。岩上祭祀遺跡の出土品の小型土器や鉢や壺や甑（こしき）などは、神酒が入れられたり、盛られたことでしょう。

出雲大社の古伝新嘗祭によると、夜明け前、禊ぎした後、臼と杵ですりおこした神火で調理した「御酒御饌（みきしんせん）」を天と地の東西南北の四方の神々に捧げ、磐境の祭壇に剣先を上にして剣を立て、酒やご飯などのほか、武器や武具や工具等の、日神に捧げる供物をお供えしたそうです。

岩上祭祀の時代、祭りの部分については、神酒を東西南北の四方の神々に捧げ、小石を並べて造った祭壇に剣先を上にして剣を立て、鏡や玉やミニチュア祭祀品（そして刃物類？）をご神木に飾り付け、酒を盛った土器類（と刃物類？）をご神木の前にお供えしたと考えられます。

今も、天皇陛下の元旦の儀式として、宮中の神嘉殿（しんかでん）の庭で、伊勢神宮と四方の神々に祈りを捧げる儀式が行われています。また、「剣の神の建御雷神（たけみかずちのかみ）は剣を逆さまに柄の方を下にして、刺し立てた剣の刃先の上に足を組んで座った」（『古事記・

神代上巻・大国主神の国譲り』）という描写から、古代人は剣先に神が宿ると信じていたと見ています。

光輝く金属製祭祀品と巫女が斎主の祭り

祭祀品はどういう意味のあるものだったのでしょうか？

出土品にはご神木に飾り付ける鏡や玉などの装飾品と壺や瓶などの土器類のほかに、武器・武具、蕨手刀子（わらびてとうす）・鉄刀子（てつとうす）・鉄鎌・鉇（やりがんな）・鉄斧（てっぷ）などの農具や工具、鉄素材の鉄鋌（てってい）などの祭祀品があります。祭りを行う人たちは、おそらくそれら祭祀品を神さまを招き迎えるのにふさわしい、神さまが喜んで祭場に降りてきて下さる最高級の宝品と考えたのでしょう。

岩上祭祀の時代は、鉄製品を使った農具や工具が日本列島で普及し始めた時代です。武具や農具・工具などの鉄で出来た製品は、時代の最先端の高級品で、神さまからの贈り物くらいに有難いものだったことでしょう。

祭祀品として選ばれたのは、それだけの理由でしょうか。おそらくそれだけの理由ではなかったでしょう。それらの製品に使用された鉄は精錬されてすぐは、銀色に照り輝いています。その輝きに古代人は、「神」を感じたからなのではないでしょうか。またそれらのほとんどは、鋭い刃を持っています。それらはご神木に飾り付けられたか、刃先を上にして、巨岩上の祭壇の真ん中の巨石の前か周りに置かれたか、あるいは二通りともと考えられます。

『日本書紀』の神功46年春3月1日の条に、「百済の肖古王は倭国からの使者を厚遇し、五色の色染めした絹を各一匹（絹を匹と数えています。絹の元のカイコをイメージしてのことかと思われます）と角を飾り付けた弓と鉄鋌40枚を倭国の使者の爾波移に与えた」と記されています。

この時代、倭国は鉄の原料は朝鮮半島に頼っていましたから、百済王からの鉄鋌40枚の贈り物は、倭国にとって非常に有難いものだったことでしょう。沖ノ島出土の鉄鋌がその時賜った鉄鋌40枚の一部かどうかはわかりませんが、岩上祭祀の時代、鉄鋌は、古代人にとって、国家神（日神）を祀る沖ノ島の祭りにふさわしい宝品だったことでしょう。

祭りの参加者は何人いたのでしょうか？

○神功皇后が自ら神主となって、武内宿禰に琴を弾かせ、中臣烏賊津使主を審神者とし、幣帛を数多く積んで、琴の頭部と尾部に置いて、神の言葉を乞うた。（『日本書紀・神功皇后』）

○神を招くために、（仲哀）天皇が琴をかき鳴らし、建内宿禰が慎み清めた庭に控えて、神のお言葉をうかがった。すると大后(神功皇后)は神がかりして。（『古事記・神功皇后』）

○雄略九年春二月一日、凡河内直香賜と采女を遣わして、宗像の神を祭らせた。（『日本書紀・雄略天皇』）

人数は意外に少なく、神となる斎主の巫女（アマテラス大御神の御杖代である倭姫命や伊勢神宮の斎宮にあたる最高位の巫女）と、祭りの奉仕者であり、実行者の一、二名に、可能性としては、斎主の巫女の配下の巫女の集団がいたとも考えられます。

祭りの参加者はどんな出で立ちだったのでしょうか？

巫女の埴輪を参考にして、推理したいと思います。

斎主の巫女は顔を赤く化粧し、衣装は太陽の色の赤、あるいは赤ではなく白で、太陽を表わす円をいくつも赤で描き、衣装の生地は絹だったのではないでしょうか。また、太陽の光を表わす三角のデザイン（後の「装飾古墳内は光の国」で解説）を施した帯やたすきを巻いたのではないでしょうか。そのたすきは、伊勢神宮等の古式を残す神事に着用される巾明衣（かけみょうえ）の「はじまりの形」だったのではないでしょうか。体にまく帯やたすきは、体に憑（つ）いた神霊を逃さぬための呪具と見ています。現在宗像大社では、巾明衣は正絹の布地で色は白とされています。

巫女の埴輪
（東京国立博物館所蔵）

巫女の髪型は、巫女の埴輪に見られる長方形の板状のものを「まげ」と見て、髪を鳥が首を伸ばした形に結った「鳥髷（とりまげ）」という説が通説です。しかし、祭りの参加者は昔も今も、何らかの「かぶり物」を着用することが通例であることを考えると、長方形の板状のものは、天に近い頭頂部に着用して巫女の神威を表わす「かぶり物」だったのではないでしょうか。その形状から推察して、「応神（天皇）の物也」（『古事談』）と伝えられる冕冠（べんかん）と呼ばれる天皇の冠（かんむり）とルーツを同じくする「かぶり物」だったのではないでしょうか。

その場合、「かぶり物」の上にある二つの円形、あるいは半円形のものは何なんでしょうか？

わたしはこれは、触角式有柄銅剣（しょっかくしきゆうへいどうけん）と呼ばれる銅剣の柄頭の装飾と同種のものと見ています。そのタイプの銅剣の柄頭の元のデザインは白鳥で、やがて白鳥型が鴨型（韓国では鴨型柄頭と呼ばれている）になり、それが昆虫の触覚のようなデザイン

冕冠を被る後醍醐天皇

に変化したと、谷川健一は、自著『白鳥伝説』で解説していて、巫女の埴輪の場合、二つ円形（または半円形）のものは、「かぶり物」の上にあることから、神さまの使者の「鳥（白鳥）」と見て間違いないでしょう。２０１３年、滋賀県高島市の上御殿遺跡で見つかった「国内初のオルドス式短剣鋳型」から復元された短剣「双環柄頭短剣」の柄頭の双環も、元のデザインは「鳥（白鳥）」だったことでしょう。「かぶり物」の素材はおそらく冕冠と同じく金属製だったことでしょう。

沖ノ島の斎主の巫女も、このような出で立ちだったのではないでしょうか？基本的には同じだったことでしょう。そうであるなら、土になりにくい金属製の「かぶり物」も出土しているに違いありません。それに該当するような出土品は、岩上祭祀遺跡から見つかっているのでしょうか。それは一つしかありません。16号遺跡と21号遺跡から数点出土した鉄の延べ板の

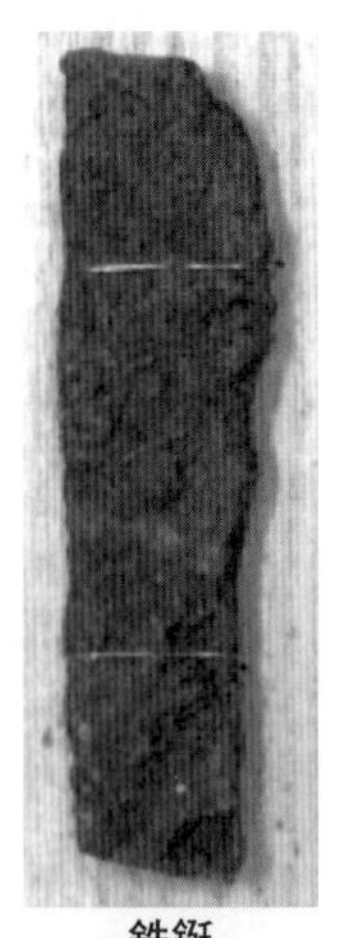

鉄鋌

鉄鋌です。今でも神社の祭りなどで、斎主が神さまの依り代を頭頂に装着して行われる祭りが全国各地に見られます。それが鉄鋌であっても何ら不思議ではない、むしろ鉄剣と同じ輝きを放つ鉄鋌は、日神を祀る祭りで神がかる祭具として最適な祭具だったのではないでしょうか。鉄鋌の「かぶり物」が天皇が大嘗祭(だいじょうさい)に着用した板状の冠「冕冠」の「はじまりの形」だったのではないでしょうか。

琴を弾く審神者(さにわ)の衣装は白で、生地は絹か麻。「かぶり物」はおそらくひさしのない山高帽(やまたかぼう)のような丸みのある黒(?)の頭巾。

配下の巫女の集団がいた場合、その出で立ちは斎主の巫女と同種の「かぶり物」を着用し、衣装は白か赤で、生地は麻か絹。

装飾品は女性は全員耳飾りをし、参加者全員、連珠の玉飾り(玉をひもで通して数珠状にしたもの)を首や足くびなどに巻いた。沖ノ島の祭りで、斎主の巫女が頭に鬘(かずら)の冠を付けるようになるのは、次の岩陰祭祀の時代になってからと考えられます。

『日本書紀』の「雄略天皇が凡河内直香賜と采女を使わして、宗像の神を祭らせた」という記述は、事実上、勅使派遣による祭りが行われていたことを示していますが、その祭りでは、天皇が新羅（しらぎ）を討とうと思っていることに対し、宗像の神は「行ってはならぬ」と戒めたため、天皇は攻撃を一旦は断念します。ところが、物語はその後、天皇は宗像の神のお告げに背（そむ）いて、新羅に派兵をします。その結果、日本軍は苦戦し、大将軍の紀小弓宿禰（きのおゆみのすくね）は病死し、大将の大伴談連（おおとものかたりのむらじ）は戦死してしまいます。この場合、おそらく采女が斎主で、凡河内直香賜が神さまの神意を解釈して伝える審神者（さにわ）に当たる役目だったのではないかと見ています。

実はこの後、凡河内直香賜は采女にちょっかいを出して、ひどい目に遭うことになります。

沖ノ島の場合は、琴のミニチュアが出土するのは、第三段階の半岩陰・半露天祭祀遺跡からですが、祭りの中心的な楽器は、縄文晩期、弥生時代、そして古墳時代と日本各地の遺跡や古墳から出土している琴だったことでしょう。『記紀』の記述から、琴は神さまの言葉をうかがう祭具であったことがわかります。

神さまの言葉をうかがう琴について、想像をめぐらせてみました。

琴を弾くときに、琴の両端に幣帛などをのせて弾いたことでしょう。

日本の伝統的な絃楽器は、打楽器的な奏法が特徴的で、琴が祭具であるなら、その特徴がより強調されるはずで、おそらく絃を叩くように弾いたことでしょう。シャーマンが行うように、太鼓のように叩くように弾いてはじめて、神さまと交信が出来ると思ったことでしょう。

絃は神の糸である絹糸でなければ、話になりません。

鎌倉中期の類書（百科事典）『塵袋（ちりぶくろ）』に「琴は玉の琴柱ありと聞く」「琴には玉の琴柱に穴を明けて絃を貫ぬきたる」の記述が見られます。

沖ノ島の琴の琴柱（ことじ）は、おそらく玉（ぎょく）で作られていたのでしょう。何せ、沖ノ島の神さまは海人族が祀る女神さまですから。

沖ノ島の祭祀遺跡の第三段階の半岩陰・半露天祭祀（7世紀後半〜8世紀前半）

の5号遺跡から出土した金銅製雛型琴のミニチュアの片方の形は、鳥の尾羽の形をしています。古代の人は神さまの言葉をうかがう祭具として、琴の片方に鳥の尾羽の形を付けることを思い立ったのでしょう。

延喜式・伊勢大神宮式に、「鵄尾琴(とびのおのこと)一面〈長さ八尺八寸、頭広さ一尺、末広さ一尺七寸、頭鵄尾広さ一尺八寸〉」という記録があります。伊勢神宮のご神宝の琴は鵄尾琴と呼ばれていて、鳥のトビの尾羽のような形をしています。トビは鵄、鴟、鳶などの漢字が当てられてきました。

その鳥の尾羽の形をした琴のミニチュアが沖ノ島から出土したということは、伊勢神宮の琴と同じタイプの琴が、古代、沖ノ島の祭りに用いられていたと見て良いでしょう。

五絃琴のミニチュア

●コラム① 韓国・新羅の『延烏朗・細烏女』の物語

韓国の『三国遺事（さんごくいじ）』という史書に延烏郎（えんろう）と細烏女（さいうじょ）の物語が書かれています。時代は阿達羅王（あだつらおう）四年（西暦157年）です。

新羅の東海岸に延烏朗・細烏女（えんろう・さいうじょ）という夫婦が住んでいました。ある日延烏朗が海岸で海藻を採っていると、大きな岩があって、延烏朗を日本へと運んでいってしまいました。日本の国の人はただの人ではないと言って、延烏朗を王にしました。細烏女が延烏朗を捜しに海辺へ行くと、また岩があり、その上に夫の履き物が置いてありました。その岩の上にのると、岩は細烏女を日本へ連れていきました。細烏女は延烏朗に再会し王妃となりました。

この時、新羅に太陽と月の光が無くなりました。日官が国王に「この原因は日月の精が日本に行ったためです」と奏上したため、王は使いを送りました。しかし、延烏郎は日本で王として迎えられているのを天命として帰国を拒み、代わりに細烏女の織った生絹を使いに渡し、天に祭るように言いました。使者は帰国してから言葉通り天に祈ると、太陽と月が元に戻りました。この時祈った場所を迎日県又は都祈野と言います。

古代韓国の太陽信仰と磐座信仰と蚕信仰の影響がうかがわれる物語です。蚕信仰については、後に「モガリとは？　勾玉とは？　たまとは？」で解説しています。

第2章

岩陰祭祀と『記紀』：天の岩屋戸の時代

岩陰祭祀遺跡

岩上から岩陰へ、実用品からミニチュア品へ

沖ノ島の祭りは、第一段階の岩上祭祀（4世紀後半～5世紀）から第二段階の岩陰祭祀（5世紀後半～7世紀）になると、祭場が巨岩上から巨岩下の岩陰へと移っていきます。岩陰直下の平地を祭場として、巨岩の真下の岩陰の平地に小石を並べて、神域を造り、神域内を祭場とするようになります。

すべての祭祀品は、巨岩前面の突端から出ないように埋納されていて、前段階の主体であった銅鏡が減少し、金属製雛形品（鉄製の武器・武具・工具や鏡、楽器など）や滑石製模造品（子持勾玉や臼玉など）などのミニチュア祭祀品が増加し、祭祀品の内容は、古墳時代後期の副葬品と重なります。前段階の実用品主体の祭りからミニチュア祭祀品主体の祭りへの移行は、祭りの形態に変革が起こったことをモノ語っています。

朝鮮半島新羅系の豪華金銅製馬具に加えて、金製指輪、鋳造鉄斧（ちゅうぞうてっぷ）そして西域ササ

ン朝ペルシャ伝来のカットグラス碗といった舶載品(はくさいひん)は、当時の汎アジア的スケールで、交易あるいは文化交流が行われていたことを示すものとして、注目されます。

クリスマスツリー状態のご神木と絵馬・神馬の始まり

岩上祭祀は「日神を岩に招き迎えるため」に巨岩の上で祭りを行ったと考えられますが、その場合は巨岩そのものが神になるということです。そう考えると、日が昇る方角に位置する巨岩を前に、祭場を構える形態は、岩が宮であり、神殿ということになり、第二段階の岩陰祭祀は、巨岩を神殿と見立てて祭りを行ったと考えられます。

金属製雛形品と滑石製模造品は、ご神木の飾り付けに造られ、用いられた祭祀品のミニチュアと考えられますが、前段階に供えられた武器・武具や工具類がミニチュアになっています。

金属製雛形品について、小田富士雄の調査報告書「沖ノ島祭祀遺跡の再検討」によると、金属製雛形品の主な物は鉄刀、鉄斧、鉄矛、鉄刀子、鉄ノミ、さらに前段階の岩上祭祀の段階ではなかった楽器や銅鐸状品や壺や高坏（たかつき）や桶や人形（ひとがた）や紡織機関係品などが、新たに加わっています。

その内容を見ると、太陽を象った鏡に加え、玉を連ねて数珠状にした勾玉付き連珠の玉や石釧や車輪石など円形の、太陽をモチーフにした祭祀品など、日神と直接的に関連した祭祀品が中心だった岩上祭祀の段階から、祭祀品全般と言えるほどの範囲で、ミニチュアの祭祀品の種類が増えていて、ご神木はまるで飾り付け盛りだくさんな「クリスマスツリー状態」だったと考えられます。

楽器や銅鐸状品は神さまを招く音を鳴らす祭祀品。
紡織機関係品は神さまの衣服を織る機具。
と見ています。

人形（ひとがた）は何でしょうか？　神さまを迎える従者でしょうか？

人形は鉄製や金銅製で、光輝く金属製素材で作られています。おそらく日神を人の形で表わしたものでしょう。神祭りを行うことで、すべての人形に神さまが宿り、人形ひとつ一つが神さまになると考えたのでしょう。

また、岩陰祭祀遺跡の4号遺跡からは滑石製模造品の馬形（うまがた）が出土しています。これは神さまの乗り物の馬をミニチュアにした祭祀品で、神さまを招くための乗り物と考えられます。そしてそれは、現代のミニチュア祭祀品の絵馬のはじまりの形と見ています。

絵馬の起源について「生き馬を神に献じる風習が、馬に代えて土馬（どば）、馬形、板立（いただて）馬（うま）などを納めるようになり、やがて絵の馬を奉納したことに起源がある」という通説は適切ではないというのがわたしの見解です。弥生時代からご神木に祭祀品を飾る風習があって、その風習に神さまを乗せて迎える神馬（しんめ）のミニチュアを飾るようになったのが起源ではないかと見ています。

「生き馬を神に献じる風習」というのは馬の殉葬（じゅんそう）を指しているものと思われますが、殉葬はモガリののちに行われた本葬の風習のひとつで、別の意味を持っているというのがわたしの見解です。

沖ノ島の滑石製馬形は露天祭祀の時代に他の滑石製形代（人形、舟形など）とともに全盛を迎えます。

岩陰祭祀遺跡の6、7、8、9号遺跡からは数多くの実物の馬具も出土しています。その数は百点を優に超えています。馬具は三国時代の新羅の技術要素を持つ新羅系馬具を主体とした馬具装着品一式で、それらは7号遺跡に集中して出土しています。

7号遺跡の出土品は、金銅製の雲珠（うず）、金銅製の各種杏葉（ぎょうよう）、金銅製の辻金具、金銅製の帯金具、鈴などの馬の装飾品と、鉄製の鞍金具、（金銅製の？）轡（くつわ）などの乗馬用の器具などですが、元九州国立博物館研究員の市元塁の研究により、これら馬具装着品一式に、出土場所が不明の祭祀品で、その形状から「金銅製香炉状品（こんどうせいこうろじょうひん）」と名付けられていた祭祀品が加わる可能性が、濃厚になっています。その祭祀品は馬の首に吊り下げる頸総（くびふさ）の金具のことでしょう。この頸総金具が加われば、神馬の唐鞍（からくら）の馬具の主要な装着品と一致します。

唐鞍は平安時代の儀式の飾り馬に使われた儀式用馬具で、外国使節の接待、御禊の行幸に供奉する公家や春日社・賀茂祭（葵祭）の勅使が乗る馬などに使われました。

沖ノ島の金銅製香炉状品（金銅製頸総金具）の下端部は輪の縁にいくつもの小穴がめぐらされています。沖ノ島の遺跡からは神馬の頸に吊り下げる頸総に相当する金属製の遺物が見つかっていないことから、小穴には布製、おそらく絹製の装飾品が吊り下げられていたものと見られます。透かし彫りによる金銅製の帯金具は、伊勢神宮の神馬に用いられる八子と系譜的につながりのある帯金具と見て、間違いないでしょう。

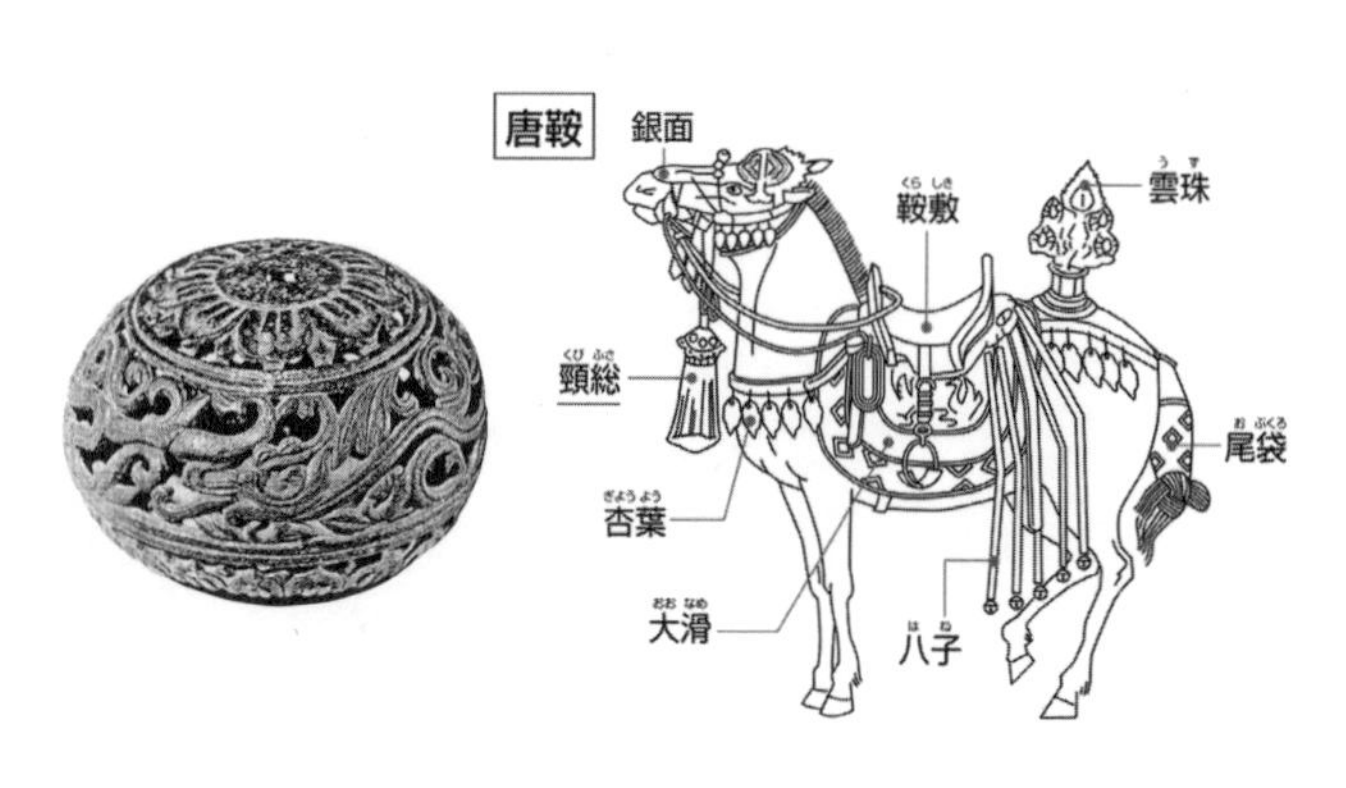

金銅製香炉状品と名付けられていた頸総(?)

伊勢神宮「せんぐう館」には、第59回式年遷宮に際して調進された鶴斑毛御彫馬と呼ばれるきらびやかな唐鞍皆具を装備した飾馬を模した神馬が展示されています。沖ノ島の岩陰祭祀の祭りでは、きらびやかな飾りを装着した白馬を奉納したと見て良いでしょう。

神器の破砕と神々の顕現

○（スサノヲの命は）姉上アマテラス大御神から姉上の左の角髪に飾りつけられた500個の勾玉を緒に通した途方もなく長い勾玉付き連珠の玉をもらい受け、それがきららかな美しい音色を奏でている間に、アメノマナイの清らかな井戸水をそそいで洗い清め、口にふくんで、噛みに噛んだ。（『古事記・神代上巻・アマテラス大御神とスサノヲの命の誓約』）

これはアマテラス大御神とスサノヲの命のうけいの勝負の始まりの部分ですが、スサノヲの命は連珠の玉から神々を顕現させる前に連珠の玉を清めています。清めは禊ぎにも通じます。『記紀』の神話では、禊ぎと神々の顕現はセットで語られていて、うけいの勝負は、禊ぎをして清めた神器の「勾玉付き連珠の玉」と「剣」をかみ砕き、口から吐き出して、神々が顕現するというストーリーなのです。

また、そのことは「スサノヲの命が玉を噛んで吐いたところから、歴代天皇が続き、アマテラス大御神が剣を噛み、スサノヲの命が八岐大蛇を斬ったところから、多くの神々が相次いで顕現したことがわかる」と記した『古事記』の編纂者の太朝臣安萬侶（太安万侶とも表記）の『古事記序文』の言葉からも読み取れるストーリーなのです。

○7号遺跡の中央に玉の小山が三つあり、三女神を象徴するものと思われ、さらに盾や挂甲・矛等武装した装飾品を想わせるものが片側に、馬具や帯金具等、旅をしてきた人物を想わせるものが反対側にあり、その真ん中に、鉄刀のきっさき部分がいくつも散っていた。（真弓常忠『神道の世界』）

これは沖ノ島の祭祀遺跡の調査をされた真弓常忠による興味深い記述です。「勾玉付き連珠の玉」と「剣」をかみ砕き、口から吐き出して、神々を顕現させるというアマテラス大御神とスサノヲの命のうけいの勝負を連想させる記述です。

実際の祭りで同じような儀式、例えば、故意に連珠の玉の緒をほどいて、玉を地面に投げつけて、小山を作ったり、故意に剣をへし折ったり、砕いたりするような儀式が行われていたのでしょうか？　もし、そのような儀式をしていたとしたら、その儀式は何の儀式だったのでしょうか？　考えられるのは、「神々を顕現させる」儀式です。

興味深いのは7号遺跡からは三輪玉（みわだま）が出土していることです。三輪玉は三ツ山形の玉で、ねじり環頭大刀（かんとうたち）の柄（つか）の頭と根元を弧状につなぐ勾金（まがりかね）や勾帯（まがりおび）に糸留めをした装具ですが、伊勢神宮に伝わる三輪玉の付いた太刀は、男神の象徴の剣と女神の象徴の玉の結合を示すものと考えられ、五穀豊穣祈願を目的とした祭祀品という見方もできますが、わたしは、「神々の顕現」、そして「新生と再生」をシンボリックに表現したものではないかと見ています。

○奉る宇豆の幣帛は「比古神に御服は明妙・照妙・和妙・荒妙　五色物　楯・戈
　御馬に御鞍具へて　品品の幣帛献り　比売神に御服備へ　金の麻笥・金の椯・
　金の桛　明妙・照妙・和妙・荒妙　五色の物　御馬に御鞍具へて　雑の幣帛奉
　りて。

《現代語訳》神に奉る幣帛は、彦神には、神服は、麗しい明妙と照妙、絹の和妙、布の荒妙の五色の絹をはじめ、楯、戈、馬、馬の鞍などを奉り、姫神には、神服を整えて、金の麻笥（糸によりをかけるときに糸につける水を入れる容器）、金の崇（麻または繭綿などの素材をかけて糸を紡ぐ道具）、金の桛（紡いだ糸を巻き取る道具）、麗しい明妙と照妙、絹の和妙、布の荒妙の五色の絹をはじめ、楯、戈、馬、馬の鞍などを奉って。

これは国家安泰と五穀豊穣を祈願するとされる龍田風神祭（『日本書紀』では、「天武天皇4年（675年）4月10日に勅使を遣わして風神を龍田立野に祀り、大忌神を広瀬河曲に祀った」との記述が初見）の祝詞です。ここでは、彦神に奉られる奉献品は神服に剣類に馬に馬の鞍、そして、姫神に奉られる奉献品は神服に紡績具に馬に馬の鞍とされています。

これらの内、腐食して土になりにくい剣類と馬具、そして現物ではないですが、金銅製ミニチュアの紡績具は、岩陰祭祀遺跡から出土しています。

岩陰祭祀遺跡の7号遺跡から出土した『盾や挂甲・矛等武装した装飾品』は、彦神（スサノヲの命に相当）を示す祭祀品。機織具（現物は腐食して土になった？）は、姫神(アマテラス大御神に相当）を示す祭祀品。そして、『馬具や帯金具等』は、彦神と姫神の降神のための神馬に装着した祭祀品」ではないかと考えられます。

このことは天武天皇の時代に男女二柱を祀る祭りがあったことを示していて、沖ノ島でも男女二柱を想定した祭りがあって、前に述べたように、剣と玉から神々を顕現させる儀式、それはとりもなおさず、霊魂の「新生と再生」を祈願する儀式が行われていたものと見ています。

●コラム② 済州島の三女神

宗像大社の沖津宮(おきつぐう)、中津宮(なかつぐう)、辺津宮(へつぐう)の三宮の祭神は三人の女神、宗像三女神ですが、韓国の済州島の始祖伝説にも三人の女神が登場します。

民俗学者の谷川健一と歴史学者の井上秀雄は、済州島の始祖伝説を次のように紹介しています。
○済州島の始祖伝説では、三神人が穴から出現すると、やがて海上から函が流れ着き、その中から三人の神女が現われ、神女と神人は結婚して国を建てた。その神女は日本の王女という。(谷川健一)
○耽羅国(済州島)の始祖伝説は、三人の男神が地中からわき出、三人の女神が木箱に入って、漂流してきた。女神たちは日本から来たといい、それぞれが男神と結婚して、国を開いたという。(井上秀雄)
宗像三女神は天より降臨しますが、済州島の始祖伝説の方の三人の女神は、海から木箱に乗って漂着します。三人の男神を神を祀る司祭者、三人の女神を祀られる神と考えれば、宗像大社の三女神の降臨説話と水平漂着型か垂直降臨型かの違いはあるものの、同じ海洋民族の同類の説話と考えられます。

それに関連して、わたしは「三」という数字は、海人族の宗教観に影響を受けた古代の日本人、そして天皇家にとって、神さまを表わす数だったと見ています。詳しくは後の「住吉三神と筒の意味と三神一組の起源」で解説しています。

伊都国王墓の祭祀品の破砕と神社祭祀と埴輪の起源

沖ノ島の祭祀遺跡で見られるような、故意に剣をへし折ったり、砕いたり、あるいは故意に連珠の玉をほどいて撒いたりしたと見られる遺物は、他の遺跡で見つかっているのでしょうか？

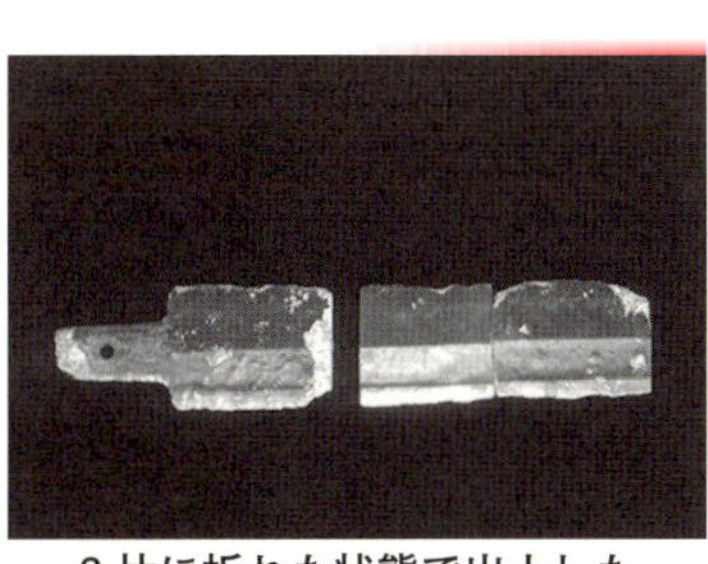

3片に折れた状態で出土した中国の戦国式銅剣

弥生時代中・後期に営まれた福岡県春日市原町の立石（たていし）遺跡の遺構では、中国の戦国式銅剣が三分割して埋納されていました。

弥生中期前半に営まれた福岡県前原市の三坂七尾（みさかななお）遺跡の土壙墓（どこうぼ）からは、被葬者の頭部付近に数多くのガラス小玉がばらまかれていました。

三種の神器の残りの鏡についてはどうでしょうか？

弥生時代後期前半に営まれた佐賀市大和町尼寺の尼寺一本松遺跡の甕棺墓では、故意に割られた鏡が甕棺の棺外に背面を外側に向けて、並べて埋納されていました。このニュースを地元の佐賀新聞は、２０１１年12月27日付けの記事で「事前に現地を見学した考古学が専門の高島忠平さん（旭学園理事長）は割った鏡を副葬品とした点について『弥生時代に、棺とふたの合わせ部分に鏡の破片を置く例は北部九州に二十数例あるだけで、ほかにはない。死者の霊魂や霊力を鏡の呪力を用い、阻止しようとした当時の人たちの精神生活もうかがえる』」と報じています。

この記事は、２０１１年12月27日の時点で「鏡の破片を置く例が北部九州に二十数例ある」ことを教えてくれています。弥生時代後期から終末期における中国鏡の墓への副葬例に限定すると、鏡を砕く、いわゆる「破鏡」の副葬は4割以上に達しているという報告があります。

破鏡でよく知られる例としては、卑弥呼あるいは卑弥呼の姉または母の墓とも言われる伊都国の女王の墓「平原王墓」があります。５枚の巨大な鏡（面径46・５センチの日本最大の大型内行花文鏡（ないこうかもんきょう）や40面前後の数の鏡がすべて割られて、王墓に副葬されていました。

ある考古学者は「（「平原王墓」で見られる）破鏡は、多くの国々を支配した巫女王の卓越した霊力を封じるために埋葬されたと考えられる」との考えを示しています。おそらく多くの学者や専門家は、同様の考えかと思われます。しかし、わたしの考えは「日神である鏡を割ることで、新たな神の顕現。それは新たな命の誕生を祈願した」です。古墳時代の古墳の出土品にしばしば剣の破片が見られるのも、同様の宗教観によって行われた儀式と見ています。この宗教観が、神さまの分霊・分祀の思考法を生むのです。剣や連珠の玉の破壊についても、同様の宗教観や思想が働いてのことと考えています。

江戸時代の後半、現在、三雲南小路王墓（みくもみなみしょうじおうぼ）、井原鑓溝王墓（いわらやりみぞおうぼ）と呼ばれている二つの王墓（伊都国の王の墓と見られています）が発見されました。この二つの王墓の被葬者の系譜は、平原王墓の被葬者へと続くと見られますが、福岡藩の国学者の青柳種（あおやぎたね）

信（一七六六〜一八三六）は、発掘調査の記録を『柳園古器略考』という著述にこと細かに記録しています。関連記録を抜粋します。

○玉はいずれも練物のようで、粗い。数は甚だ多いが、悉く割れ砕けて甕の中で泥の様であった。

○（重なり合った鏡の間に挟まれた硝子について）砕けて完形ではない。

○（二本の銅鉾について）二口のうち短い方は、折れて三段となっている。

○（鏡35面について）残念なのは、掘り出された際に鋤で砕かれて、百以上の破片となってしまったことで、完形で残るのは僅か二・三面のみである。

これらはすべて甕棺の中で見つかったものです。意図的に砕かれたと考えられます。その祭祀品は、鏡だけではなく、玉と剣も。

2004年に井原鑓溝地区で行われた発掘調査では、弥生時代後期の多くの墓が多く見つかり、その内、18基から破格の数のガラス玉が副葬されていました。それらのガラス玉は、棺内に散乱、あるいは、棺外の墓壙の埋土に混ざった状態で見つかったそうです。その状況からそれらのガラス玉は、被葬者が身につけたのではなく、被葬者や棺、墓壙内にばらまかれたものと考えられます。

平原王墓からは多様なガラス製の玉類が粉々に粉砕された状態で見つかっています。その理由を「玉類の脆弱性と経年劣化によるもの」とされていますが、本当にそうなのでしょうか。わたしはガラス玉の散乱も玉類の粉砕も、神霊が宿った祭祀品を砕くことで新たな神の顕現を想像したことに始まる「新たな命の誕生を祈願して行った宗教的行為。あるいは、それに類する、例えば、霊魂の復活を祈願して行った宗教的行為」と見ています。

青柳種信は『柳園古器略考』の冒頭で、次のように記録しています。

○地面を約一メートル弱掘ったところで一本の銅剣が掘り出された。この剣は切(きっ)先(さき)を上にして、立てて地に埋まっていた。また、そのそばより一本の銅鉾が見つかった。その形状は板のようであった。また、古鏡四面と、その下に小壺一口があった。壺は土中に逆さまに覆うようにあり、内には朱が詰まっていて、他に物はなかった。

青柳種信が剣が埋まっていた状態を「切先を上にして」と記録していることに注目すべきです。この状態は神さまを迎え入れる神祭りを行ったことを表わしたものだからです。日神を象った鏡四面が埋められていたというのも、神祭りが行われたことを表わしています。この状況から連想されるのは、甕棺の埋葬が終わったのちに、墓の上で神祭りを行ったのではないかということです。

しかし、事はそう単純ではありません。その場で神祭りを行ったのであれば、神祭りを行ったときと同じように、剣をわざわざ立てて埋めるでしょうか。思うに、甕棺の埋葬が終わったのちに、太陽の色の朱を詰めた壺をドルメンの石のように神さまとつなげる呪具として置き、鏡や剣を神祭りを模して配置して埋めることで、被葬者が神さまの世界とつながると考えたのではないでしょうか。

切先を上にして立つ剣は、常に神さま（日神）が降臨し、宿っていることを意味し、すなわち、弥生時代後期の伊都国で葬儀を司（つかさど）る人達は、墓地は異界＝神さまの世界と考えていたのではないでしょうか？　その宗教観は、古墳時代になっても受け継がれ、装飾古墳の壁画などに表わされていると考えられます。

冒頭の青柳種信の記録は、剣を依り代にする神社の祭りの起源を考える上で、そして、弥生時代後期の葬送儀礼の形態と古代人の宗教観を読み解く上で、見逃せない貴重な記録と見ています。

また、切先を上にして立つ剣は、天つ神、つまり皇室の信仰を象徴するものであること、三種の神器を主要祭祀品とし、神さまの分霊・分祀の思想につながる三種の神器を破砕する信仰も、皇室の信仰を象徴するものであること、そして、三雲南小路王墓と井原鑓溝王墓の二つの王墓が、卑弥呼と深く関わりのある王墓であることを考え合わせれば、弥生時代後期の伊都国の信仰形態が、卑弥呼の邪馬台国に受け継がれ、そして、大和朝廷を経て、アマテラス大御神を祖神とする天皇家に受け継がれたのではないかという推論も大雑把な道筋として考えられるのではないでしょうか。

三雲南小路王墓1号甕棺から出土した銅剣が、スサノヲの命が八岐大蛇を退治した際、大蛇の尾から出現した草薙の剣、別称天叢雲剣の原形ではないかという説ています。

があって、現在、その剣の形代（かたしろ）と言われるものが、熱田神宮のご神体として祀られ

弥生時代中期の伊都国の王墓に副葬された銅剣の形状を持つ剣が、卑弥呼の邪馬台国に神器として受け継がれ、その後、大和朝廷に渡り、朝廷を通じて、その剣の形代が神器として伊勢神宮に祀られ、後に熱田神宮のご神体になったとするストーリーもあり得る話です。

江戸時代中期の神道家の玉木正英（たまきまさひで）が1727年に著わした『玉籖集（ぎょくせんしゅう）』の裏書に、熱田大宮司社家の数人がこっそりと熱田神宮のご神体を見たときの記録が、次のように記されています。

「御神体は長さ二尺七、八寸計（ばか）り、刃先は菖蒲の葉なりにして、中程はむくりと厚みあり、本の方六寸ばかりは、節立ちて魚などの背骨の如し」

○剣の長さ二尺七、八寸＝82〜84センチ。

○刃先は菖蒲の葉のような形をしていて、中程に厚みがある。

○柄は六寸＝18センチで、魚の背骨に似ている。

剣の形は三雲王墓出土の銅剣とよく似ています。青柳種信の記録のよると、三雲王墓出土の銅剣の長さは51センチで、柄の長さは15センチで、およそ5分の3の大きさ。剣自体が祭祀品で、広い意味で形代ですから、剣のコピーこそが重要で、大小の違いは重要ではないのです。

冒頭の青柳種信の記録で、もうひとつ注目すべきことがあります。それは朱が詰まった小壺のことです。その壺は土中に逆さまに覆うように埋められていたそうです。この、神さまとつなげる呪具と見られる小壺が、弥生時代から古墳時代へと墓の形態が変化する中で、「神さまとつなげる呪具」としての意味を保ったまま埴輪(はにわ)へと変化し、古墳の聖域を示す造形物になったのではないかと見ています。

『柳園古器略考』には、次のような記録もあります。

○溝の岸を突いたとき、岸の中より朱が流れでてきた。不思議に思って掘って見たところ、ひとつの壺があった。その中に古鏡数十枚があり、また鎧の板のようなものや、刀剣の類があった。しかしながら、それらは朽損して、その形も完全ではなかった。鏡は破れ砕けて、数百片となっていた。

「鎧の板のようなもの」というのは、附図と「破砕したものがおよそ三個分」『柳園古器略考』の記録から、巴形銅器が破砕された状態で、壺の中に収められていたことがわかります。

巴形銅器の破砕についても、「新たな命の誕生を祈願して行った宗教的行為。あるいは、それに類する、例えば、霊魂の復活を祈願して行った宗教的行為」であって、その本来の用途は、内面に棒状鈕とよばれる橋状の鈕が付いていることから、神さまを招き入れる神祭りの祭祀品で、鏡や玉のようにご神木に飾り付けられたものであったことでしょう。巴形銅器は太陽を象った祭祀品で、四から七脚ある曲状支脚は、おそらく太陽光線を表わしたものでしょう。

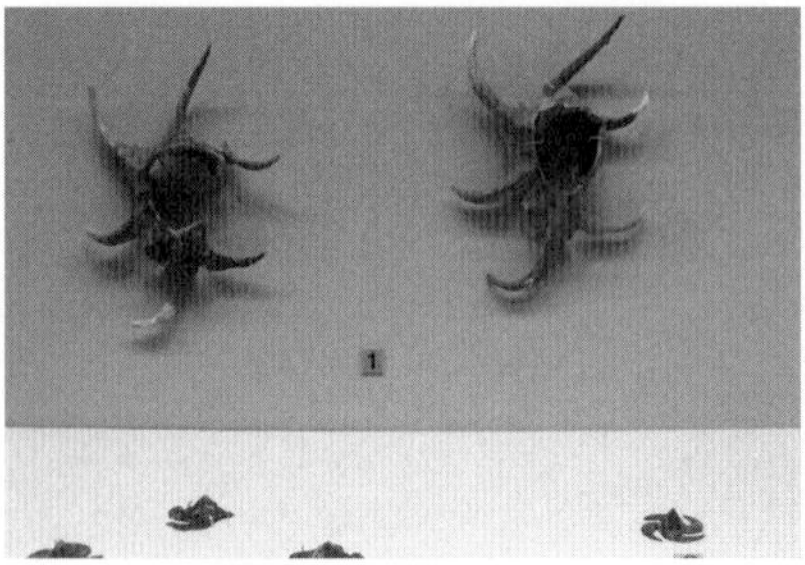

（上）水字貝製の貝釧
（下）巴形銅器（東京国立博物館所蔵）

巴形銅器によく似た形態をした水字貝製の貝釧も、

おそらく水字貝の数本の突起を「太陽光線のよう」と見た古代人が、祭祀品としてご神木に飾り付けたものだったでしょう。また、巴形銅器が革盾(かわたて)に装着した状態で発見されたという例については、副葬する際の第二義的な発案によるものだったのではないでしょうか。

『記紀』の神々の顕現と沖ノ島と三輪山と伊勢神宮

話を沖ノ島の神々の顕現に戻しましょう。

『古事記』の神々が顕現するというストーリーで、ひとつ疑問が残ります。

『古事記』では、剣から宗像三女神が生まれ、玉から五柱の男神が生まれています。沖ノ島の岩陰祭祀遺跡の出土状況は、玉から宗像三女神が生まれ、剣から五柱の男神が生まれたという状況を連想させます。

『日本書紀』では、五つの物語があって、その内の四つの物語が剣から宗像三女神、玉から男神が生まれています。ところが『日本書記』一書(第二)のみ、異なっています。

物語はこうです。

「スサノヲの命は玉作部の遠祖の羽明玉という神さまから奉られた瑞八坂瓊之曲玉を持って天上に行き、アマテラス大御神はスサノヲの命からその曲玉を受け取り、その曲玉から宗像三女神を生み、スサノヲの命は自分の剣から五柱の男神を生む」

(要訳)

一書（第二）の物語の三女神誕生と五柱の神誕生の場面を詳しく見ると、こうです。

「アマテラス大御神が連珠の玉の端をくい切って、生まれた神が市杵嶋姫命で沖ノ島の神、連珠の玉の中ほどをくい切って、生まれた神が田心姫命で中津宮の神、連珠の玉の尾をくい切って、生まれた神が津姫命で辺津宮の神。スサノヲの命が剣の先をくい切って、生まれた神が五柱の神」

この一書（第二）の物語は、「7号遺跡の中央に玉の小山が三つあり、三女神を象徴するものと思われ、《中略》そのまんなかに、鉄刀のきっさき部分がいくつも散っていた」との真弓常忠著『神道の世界』の記述から連想される儀式をもとに創作された神話として、十分にイメージしうる物語になっています。

一書（第二）の物語と照らし合わせて、その儀式を再現すると、「女神を演じる巫女が勾玉付き連珠の玉を清めたのち、まず玉の上の部分を引きちぎって投げつけ、次に中ほどを引きちぎって、その隣に投げつけ、最後に下の部分を引きちぎって、またその隣に投げつけて三つの山を作った。それから男神役の巫女が剣を清めたのち、剣の先を砕いた」となります。

沖ノ島の神を市杵嶋姫命（斎き島の姫の命）とする一書（第二）の物語は、「沖ノ島の神は、元来は壱岐の島に鎮座する『手長の神』であって、これを島名にちなんで、壱岐島↓イチキ島（斎き島）の姫神とした」との田中卓（皇學館大学元学長）の説と合致します。

ちなみに、厳島神社の祭神も三女神ですが、『延喜式』には「伊都岐島神社」とあり、つまり神さまを斎き祀る島の意で、推古天皇のとき、宗像大社から勧進したと伝えられています。

一書（第二）の「玉」を中心に置いた物語は、「沖ノ島の奥津宮のご神体は青蕤（あおに）の玉」（『筑前国風土記』逸文）と伝えられている沖ノ島、そして、現実に多種類の玉とブレスレットなど数種類の玉飾りが出土している沖ノ島の、その日神を祀る島で、冬至の頃に行われている（いた）儀式を、『日本書紀』の編纂者が話に聞き、物語化したのではと推理したくもなります。

というのも、『記紀』のこの場面は、三女神が誕生する場面であり、三女神が祀られている場所や司祭者までが記されていること。加えて、沖ノ島が国家的な祭場だったことを考えれば、沖ノ島の儀式が『記紀』の神話に反映されることは、むしろ当然で、にもかかわらず、『記紀』に記された六つの「うけいの勝負」による神々の顕現の物語のうち、四つが沖ノ島の祭祀遺跡からイメージされる物語とは異なった筋立てになっていることは、どうしてなんでしょうか。

『記紀』の編者がその部分を故意に創作したのでしょうか？

それは考えにくいかと思われます。実際に行われている（いた）儀式をゆがめることは、まず考えられないことと、ゆがめる理由が見当たらないためです。一書（第二）の物語のように、剣から歴代天皇の系譜が始まる五柱の男神が誕生する筋立てだったとしても、問題はないはずだし、むしろ、その筋立ての方が「男系」として、相応しいと思えなくもありません。逆に言えば、『記紀』の編者は、玉と剣を同等に霊的で崇高なものと考えていたということが言えます。

『古事記』も『日本書紀』も天武天皇の発意により編纂された歴史書です。『古事記』は天武天皇の命で稗田阿礼（ひえだのあれ）が「誦習（しょうしゅう）」していた『帝皇日継（ていおうのひつぎ）』（帝紀）』（皇室の系譜を記したもの）と『先代旧辞（せんだいのくじ）（旧辞）』（朝廷に古くから伝わる物語を集めたもの）を太安万侶が書き記し、編纂されたもので、そののちに、焼けて欠けた歴史書や朝廷の書庫以外に存在した歴史書や伝聞をもとに、補足して編纂されたのが『日本書紀』です。

稗田阿礼は、アメノウズメノ命を始祖とする猿女（さるめ）の出です。その阿礼が宗像神を祀る祭り、特に巫女が舞い踊る儀式及びその関連儀式について、天武天皇の妻の一人で宗像の宗像徳善（胸形君徳善）の娘の尼子娘、あるいは尼子娘の親類縁者、友人知人などに聴取したであろうことは、十分にあり得ることです。沖ノ島の岩陰祭祀の時代、冬至の頃に行われたと、わたしが見る「神々の顕現の儀式」に始まる一連の儀式が、『古事記』の物語化に、そのままではなくとも、反映された可能性が十分にあります。

『日本書紀』の物語化についても、同様のことが言えようかと思います。ただ『日本書紀』では、三女神が誕生する場面の物語が合計五話記されているので、少なくとも五つのよく似た話が伝えられていたのでしょう。

別の見方をしてみましょう。

『記紀』に記された五つの「うけいの勝負」の物語すべてに、「うけいの勝負」による神々の顕現の物語が記されています。そしてその物語は、神代からの天皇の系譜が始まる必要不可欠なものです。

律令的祭祀が始まる前、冬至の頃に行われた、それは天つ神系の、国家的な日神を迎え入れる祭り、それはつまり、天皇が執り行う儀式として知られる新嘗祭で、剣や連珠の玉などの祭祀品を破砕するような儀式が行われていた可能性が高いと考えられます。

沖ノ島の場合、岩上祭祀の時代では、剣、鏡、玉の三種の神器が主要な祭祀品として供えられていました。また、岩上祭祀の時代では、巨岩の岩陰は、いわばアマテラス大御神が隠れた天の岩屋戸で、その岩陰で「神々の顕現の儀式」のあと、日神を迎える酒宴と舞が行われたとすれば、それは『記紀』の神話に描かれた天つ神系本流の祭りそのものが、沖ノ島で執り行われていたということになります。そしてその祭りは、実質的に冬至の頃のゆく年来る年の祭りの「原新嘗祭」であったことでしょう。

古墳時代、沖ノ島と同じく天つ神系の国家的な祭場であった磐座が点在する三輪山の山ノ神遺跡から出土した土製模造品や剣形鉄製品などのミニチュア祭祀品や子[こ]

持勾玉を含む各種出土品は、沖ノ島の岩陰祭祀遺跡の各種出土品ととてもよく似ています。沖ノ島と三輪山では、同じ宗教観に基づいて、同様の祭りが行われていたと考えられ、これらふたつの祭場跡の祭祀品の品目と、伊勢神宮の神宝をはじめとする祭礼儀式の祭祀品の品目との一致がみられること著しいことなどの事実は、何をモノ語っているのでしょうか。

沖ノ島や三輪山などの国家的な祭場で行われていたと考えられる冬至の頃のゆく年来る年の祭りの祭礼儀式のプロセスが、『記紀』のアマテラス大御神とスサノヲの命のうけいの勝負からアマテラス大御神の天の石屋戸隠れ～アメノウズメノ命の乱舞の場面のモデルとなったのではないか。そして律令制のもとで、その古式の祭礼儀式を伊勢神宮が継承し、体系化し、神祇祭祀として整えられたのではないかと考えられるのです。

沖ノ島の祭祀遺跡の出土品には、伊勢神宮のご神宝の「はじまりの形」と目される祭祀品が種々見つかっています。それらは、神社・神宮祭祀の、伊勢神宮祭祀の、国家祭祀の「はじまりの形」を伝える貴重な物証でもあるのです。

冬至の日、三輪山山頂では、伊勢の方角から朝日が昇るという事実は、かつまた、今日、冬至の日、伊勢神宮の宇治橋前の鳥居の真正面から朝日が昇るという事実は、沖ノ島の岩上祭祀や岩陰祭祀の祭りの宗教観と相通じる宗教観として認識すべき事項でしょう。謎の多い祭祀品の子持勾玉は、冬至の頃の新年を迎える祭りのときにのみ用いられた迎春・正月用祭祀品というのが、わたしの直感です。正月に供える二段重ねの餅と同じ着想ではないでしょうか。

沖ノ島の岩上祭祀と岩陰祭祀の祭祀遺跡が語る祭りの世界は、冬至の頃に行われた日神を祀る祭りの世界、それは日神の「新生・再生」の祈願の儀式を行い、そして、新たに蘇った日神を迎えて祝う祭りの世界です。アマテラス大御神が特定の分野の神さまではないように、宗像三女神（宗像神）も本来は、特定の分野の神さまではないのです。

沖ノ島で祈願されてきたのは、天皇が行う国家的神事と同じく、国家・国民の安寧だったことでしょう。宗像三女神の使命は、アマテラス大御神の神勅「天孫を助け奉って、天孫のために祭られよ」、つまり、天皇を補佐するのがアマテラス大御神から下された使命です。宗像三女神の願いと天皇の願いは重なるものなのです。祭りを通じて神さまとなった最高級の巫女が、巨岩の上や巨岩の陰で、天孫（天皇）と同じ願いを祈願したことでしょう。

もし仮に、航海安全のような個別のことについての祈願が行われていたとしたなら、沖ノ島の巨岩に宿った日神（宗像三女神）に対して付随的に、あるいは国や地域などの要請に応じて、別の神事として行われた、あるいはまた、神宿る沖ノ島に対して、島以外の場所から、個人や集団それぞれが願うことを祈願した、と考えるべきなのです。

雄略天皇が凡河内直香賜（おおしこうちのあたいかたぶ）と采女を遣わして、宗像の神を祭らせたのち、宗像の神が神意を告げた（『日本書紀』）のは翌月で、ひと月後ではあるものの、祈願とは別に、神さまの言葉を聞く神事も重要な神事だったことでしょう。

時代は変わって現代、沖ノ島では神職が10日交代で奉仕し、国家・国民の安寧を祈り捧げ、神事以外では自然保護から環境保全の様子の調査・報告なども神職一人によって行われています。

『古事記』の機織り女と宗像神に献上された織女

『古事記』には次のような物語があります。

アマテラス大御神とスサノヲの命のうけいの勝負のあと、スサノヲの命はアマテラス大御神に「私の心は清らかで悪意がなかったので、私の生んだ子は心の優しい女の子だったではありませんか。だから私の勝ちです」と言い放ち、勝ちにまかせて、アマテラス大御神が耕していた田の畔（あぜ）を壊し、溝を埋め、また、その年の新嘗をいただく神聖な御殿に糞を撒き散らしますが、アマテラス大御神は、このような行いに対しても、スサノヲの命をとがめず、「糞に見えるのは、弟が酔って吐き散らしたものでしょう。田の畔を壊し溝を埋めたのは、弟がその土地を利用したかったのでしょう」と、スサノヲの命をかばおうとします。しかし、スサノヲの命の悪態は止まるどころか、更に激しくなります。この時の「糞」も『日本書紀・神代上』

の「陰に自ら送糞る」と同じく、大祓に通じる行為です。

アマテラス大御神が神に献上するための衣を織る忌服屋で、織女たちが衣を織るのを眺めていた時、スサノヲの命は機屋の屋根に穴を開け、まだら色の馬の皮を逆さに剥いで、穴から真っ逆さまに投げ込んだので、織女のひとりがこれを見て驚き、機織りの梭の端のところで女陰を突き、死んでしまいます。これを見たアマテラス大御神は、恐ろしさに天の石屋戸を開いて、中に籠もってしまいます。

宗像神と織女に関して、『日本書紀』の応神天皇の時代に、「阿知使主が呉から筑紫に帰国したとき連れ帰った四人の工女（織女）を宗像大神が欲ったので、兄媛を献上した」という記述が見られます。その兄媛という名称について、折口信夫は『水の女』の中の「兄媛弟媛（えひめおとひめ）」の話の中で、「神女（みこ）群のうち、もっとも高位にいる一人がえ（兄）で、その余はひっくるめておと（弟）と言うた。神女の、とりわけ神に近づく者を二人と定め、その中で副位のをおとと言うようになったのである」と述べています。

『日本書紀』の四人の織女のひとりが弟媛となっています。宗像大神に献上された兄媛は織女であり、かつ、最も高位の神女（巫女）で、弟媛は副位の神女（巫女）だったと考えられます。

天下万民の罪穢を祓うとされる儀式の大祓の文献上の初見は、『古事記』仲哀天皇の段の「更に国の大奴佐を取りて、生剥、逆剥、阿離、溝埋、屎戸、上通下通婚、馬婚、牛婚、鶏婚、犬婚の罪の類を種種求ぎて、国の大祓して」の記述とされていますが、文献上の始源は、前にも述べたように、『日本書紀・神代上』の「素戔嗚尊、即ち新宮の御席の下に、陰に自ら送糞る」に求められます。

スサノヲの命の「溝を埋め、糞を撒き散らす」や「馬の皮を逆さに剝ぐ」行為は、大祓すべき罪を意味します。ミニチュアとは言え、紡織機関係品が出土していることから、沖ノ島の岩陰祭祀の祭りで、織女であり最高位の巫女の兄媛による大祓が行われた可能性が考えられます。

その場合、折口信夫は「兄媛弟媛」の話の中で、神女群について「ただの神女群遊には、七処女を言い、遊舞には八処女を多く用いる。神女群の全体あるいは一部を意味するものとして、七処女の語が用いられ、四人でも五人でも、言うことができたのだ」と述べていて、最高位の巫女兄媛を頭にした複数の巫女によって、大祓の儀式と神服の奉納儀式が行われたとも考えられます。

岩陰の祭場で行われたであろう神々の顕現の儀式も、同じ巫女たちを中心に行われ、もし男女二柱の神さまが登場する場面があった場合、阿国歌舞伎(おくにかぶき)のように巫女達によって演じられた可能性も、無きにしも非ずかと思われます。

●コラム③　縫殿神社

福岡県福津市奴山(ふくつしぬやま)に縫殿神社(ぬいどのじんじゃ)という神社があります。祭神は兄媛。

応神天皇37年、天皇は阿知使主(あちのおみ)と都加使主(つかおみ)を呉（今の中国）に遣わして、工女（織女）を求めました。呉の王は兄媛・弟媛、呉織(くれはとり)、穴織(あなはとり)の四人の工女を倭国に与えました。

兄媛は宗像神の求めで、宗像に残り、中国の機織りの技術を伝えたと言われ、日本最初の呉服（和服）の神さまと言われています。この地は日本の和服文化の発祥地と言えるでしょう。

兄媛が来日する前の話です。宗像大社の『宗像大菩薩御縁起〈むなかただいぼさつごえんぎ〉』に、「神功皇后の三韓征伐に際し、宗大臣（宗像大社の神）が御手長という旗竿に武内宿禰が持っていた紅白二本の旗をつけ、これを上げ下げして敵を翻弄し、最後に息御嶋（沖ノ島）に立てた」と記されています。隣の宗像市の織幡（おりはた）神社には、こんな言い伝えがあるそうです。三韓征伐の時に長い竿に紅白の旗をつけたのが旗（幡）の始まりで、それを織った場所が福津市奴山の縫殿（ぬいどの）だということです。

縫殿神社には、1440年に宗像大宮司氏俊（うじとし）が寄進した福岡県指定文化財（工芸品）指定の梵鐘が伝わっています。

天鈿女命の乱舞と大祓

宮中祭祀における大祓は、かつては新嘗祭とセットで、新嘗祭の前日に行われていました。新嘗祭の前日に行われていた儀式がもう一つあります。それは鎮魂祭（ちんこんさい）（みたましずめのまつり）です。

鎮魂祭は、アメノウズメノ命が天の石屋戸の前で乱舞したという神話に基づくとされていて、かつては、旧暦11月の二度目の寅の日（太陽暦導入後は12月22日）に行われていました。この日は太陽の活力が最も弱くなる冬至の時期にあたり、日神アマテラス大御神の子孫とされる天皇の魂の「新生・再生」をはかるために行われてきた儀式です。神道では、鎮魂祭は神道行事の根幹を為す「祓いの本義」とされています。

スサノヲの命の悪態の後のストーリーは、『記紀』では、アマテラス大御神は、あまりの恐ろしさに天の石屋戸を開いて、中に隠れるストーリーになっています。岩陰祭祀遺跡の位置関係を見てみましょう。

祭りは巨岩直下の岩陰を祭場にして行われています。岩陰祭祀遺跡の6号、7号、8号遺跡の巨岩は、祭場から見て、太陽が昇る東、あるいは南東の位置にあります。つまり、巨岩は祭場に対して、おおよそ太陽が昇る方角に位置しています。この位置関係はアメノウズメノ命が乱舞した祭場とアマテラス大御神が隠れた天の石屋戸の位置関係を想い起こさせます。

沖ノ島の岩陰祭祀の祭りでは、「祓いの本義」とされる鎮魂祭が、清めとお祓いとともに、大祓の儀式の根幹をなす儀式として行われたのではないかと考えています。「魂は不安定で、放っておくと体から遊離して、ふらふらとさまよい出るもの」と信じられていました。鎮魂は、「タマフリ」、「タマシズメ」と言い、魂を体に鎮め、つなぎ止めておくのが「タマシズメ」で、魂を外から揺すって霊魂に活力を与えることが「タマフリ」とされます。身近な事例では、神輿のぶつけ合いや日本三大八幡宮の一つ筥崎宮の正月行事の「玉せせり」も、「タマフリ」と見て然るべき儀式の一つです。

その鎮魂祭は、「榊を中心にした神籬の前に、女官が宇気槽を伏せてその上に立ち、鉾をもって槽を十回突く。一度突くごとに神祇伯（神祇官の長）が筥の鬘木綿を結ぶ。十回くり返して葛筥に納める。宇気槽を突いている間、女官の女蔵人が御衣の箱を開いて振動する。次いで、女官および猿女が舞って、神祇官の中臣、忌部、侍従等も順次庭上に降りて榊をとって舞う」。そういう儀式です。

真弓常忠は「木綿を結ぶとは、木綿は楮の繊維を蒸して細かく割き糸にしたもので、これを結ぶことによって、魂の緒の遊離しないようにしっかりと結びつけるという呪術である。これに対して御衣を振動するのは、魂の衰えないようふるいたたせるため、聖躬に代えて御衣をふるのである」と説いています。つまり、鎮魂祭は魂を振動させて、活力を高め、その魂が遊離しないように結び留める、舞を伴った儀式と説いています。

沖ノ島で、もし剣と玉を砕く儀式が行われていた場合、それは「タマフリ」、つまり、死に瀕した霊魂の活力を高め、「新生・再生」を祈願する儀式として行われたに違いありません。

『神祇令』には、大祓について「6月と12月の晦日、中臣が御祓麻をたてまつり、東西の文部が祓の刀を奉って、祓詞を読み、百官の男女が祓所に集合して、中臣が祓詞を読み、卜部が解除をすること」と規定されていました。

祓の刀については、金属製祭器である刃物に対しての弥生時代からの宗教観の上に、刀「たち」と絶つ「たつ」の読みが似ていることから、刀で穢れを絶つと意味づけること（言霊・音霊信仰）で、大祓の儀式に用いたと見られます。沖ノ島では、巫女達によって、剣舞が舞われたのちに、剣を砕く儀式が行われたと考えられます。改めてアマテラス大御神とスサノヲの命のうけいの勝負からアメノウズメノ命が乱舞までを振り返ると、①禊ぎ②神々の顕現③大祓④鎮魂祭を連想させるストーリーになっています。③の大祓と④の鎮魂祭は、前に述べたように、かつて冬至の頃に宮中祭祀として行われていた新嘗祭の前に行われていた儀式です。①の禊ぎは全ての祭りの始まりにおいて、欠かせない儀式です。②の神々の顕現は鎮魂祭の「新生・再生」に通じるものです。すなわち、『記紀』における、これら四段階の儀式は、新嘗祭の前日（現在の大晦日に相当）に行われた儀式を物語化したもので、沖ノ島の岩陰祭祀の祭りのプロセスも、ほぼ同様だったに違いありません。

次の記述は、鎮魂祭の始源の姿を連想させるアメノウズメノ命が乱舞した場面の記述です。

○日陰の葛をたすきにかけ、正木葛（まさきのかずら）を頭飾りにし、笹の葉を束ねて手に持ち、桶を伏せて踏み鳴らし、神憑りして胸をさらけ出し、裳（も）の紐を陰部までおし下げて踊った。(『古事記・神代上巻・天石屋戸』)

○手に蔓(つる)を巻きつけた矛を持ち、巧みに踊った。榊を頭飾りにし、日陰の葛をたすきにし、火を焚き、桶を伏せて置いて、神がかりになったようにしゃべり踊った。(『日本書紀・神代上』)

○日陰の葛をたすきにかけ、正木葛を頭飾りにし、笹の葉と榊とを束ねて手に持ち、手に鐸(さなぎ)をつけた矛を持って、桶を伏せて置いて、庭火を灯し、巧みに踊り、群れで歌って、踊った。(『古語拾遺(こごしゅうい)』)

アメノウズメノ命が手に持ったものを見てみましょう。

『古事記』では、笹の葉。

『日本書紀』では、矛。

『古語拾遺』では、鐸(さなぎ)をつけた矛。

この中で、笹の葉は出土品として存在し得ないとして、沖ノ島の岩陰祭祀遺跡の出土品にあるのは、矛と、ミニチュアですが、雛形銅鐸状品です。7号遺跡からは多数の鉄矛が出土し、8号遺跡からは金銅製矛鞘が出土しています。金銅製矛鞘は、矛を納める鞘と、鉄矛の柄頭金具とに分かれていて、口金と鈕が銀製で、ほかはすべてが金銅製で造られています。鞘に鉄矛が収まったままの状態で出土しています。また、鐸の形をしたミニチュアが飾り付けられたということは、『古語拾遺』の記述のように「巫女が鐸（銅鐸または鉄鐸）をつり下げた矛を持って舞い踊った」、つまり、5世紀後半~7世紀に、沖ノ島で矛や鐸が祭りに用いられ、巫女が神楽を舞った可能性が高いと言えるでしょう。

長い高鉾の先につり下がった鉄鐸が宝物として伝わっている神社が二社あります。一つは信濃国一の宮諏訪大社の上社、もう一つは信濃国二の宮の小野神社（長野県塩尻市）です。二社ともに祭神は建御名方神とされます。アメノウズメノ命が手に持った矛は、二社に伝わる鉄鐸をつり下げた高鉾のようなものだったかもしれません。

「新生・再生」祈願と祝賀の鎮魂祭

『記紀』神話で、アメノウズメノ命が乱舞する場面では、日神であるアマテラス大御神が出現したところで、祭りの幕を閉じています。つまり、ゆく年くる年の「原新嘗祭」で言えば、年が明けて、初日の出を迎えたところで祭りが終わっているのです。沖ノ島の岩陰祭祀の祭りでは、続きがあったことでしょう。

伊勢神宮の神嘗祭（かんなめさい）の古儀では、神嘗祭は、神饌（しんせん）を供える由貴夕大御饌（ゆきのゆうべのおおみけ）と由貴朝大御饌（ゆきのあしたのおおみけ）の儀、奉幣（ほうへい）の儀、神楽、直会（なおらい）という順番で祭りが行われています。

その神嘗祭（古儀）を参考にして描き出せるストーリーは、沖ノ島の場合、冬至の頃の、今日で言うところの大晦日の夜、新年の神霊が依りつく巨岩の岩陰に忌み籠もったのち、夜明けとともに、あるいは忌み籠もる前に奉幣の儀に相当する神饌や各種祭祀品を供え、新生・再生した日神を招き迎え、日神が宿った巨岩の岩陰の前で、神楽、直会に相当する舞や酒宴が行われたというストーリーです。

そして酒宴後、「大御酒にうらげて大御寝ましき」(『古事記・履中天皇』)のように、そのまま寝込んでしまったこともあったことでしょう。今日の「寝正月」は、その風習の名残りではないでしょうか。

●コラム④ 直会

神事のあと、神饌(しんせん)を下げて、参列者全員が共に食する儀(共飲共食儀礼)があります。これを直会(なおらい)と言い、お神酒をいただくだけの簡単なものから、宴会形式のものまであります。

直会(なほらひ)の語源は、「なほりはひ」の訳で、斎戒を解くことの意(本居宣長説)とされていましたが、「なほる」は、畏まって坐るの意の「なほる」で、「なほらひ」は、それに継続の状態を表わす派生語尾の「ふ」がついて、さらに名詞化したもので、「神さまからの賜り物をいただく」という意(西宮一民説)が正しいとされています。

「神人共食(しんじんきょうしょく)」という表現もあるように、祭りの最後に、神さまの霊威がこもった賜り物を参列者全員で共に食する意で、直会は祭りの重要な儀式なのです。神社本庁の『神社祭式』では、直会は必ず行うように定めています。

○いつ幣の緒結び、天のみかび冠りて、いづの真屋に麁草をいづの席と苅り敷きて、いつへ黒益し、天の甕わに斎み籠りて、しづ宮に忌ひ静め仕へまつりて、朝日の豊栄登りに、斎ひの返事の神賀の吉詞、奏したまはく。（『出雲国造神賀詞』）

《現代語訳》木綿の鬘を頭に戴き冠つて、斎み清めた真屋に人の手の触れられていない清浄な草を刈り清浄な席として敷き設け、神饌を調理する竃の底を火を焚いて黒く煤づかせて、神厳な斎屋に籠って、安静なる神殿に忌み鎮めて御祭を営み、この朝日の差し昇る良き日にここに参朝して復命の神賀の吉詞を奏上致します。（神社新報社『延喜式祝詞教本』）

岩陰で忌みこもり、新生・再生した神霊を拝み、新たな年の始まりを祝賀する祭りの実際の様子がうかがえます。

前に述べた鎮魂祭に関して興味深いのは、鎮魂祭はかつて新嘗祭の前日にも、そして「新嘗祭当日にも行われていた」ということです。つまり、鎮魂祭の淵源とされるアメノウズメノ命の乱舞に類似した巫女達の舞と宴会が、沖ノ島でも年末年始の二日ともに行われたということになります。

ただし、アメノウズメノ命の乱舞に類似した巫女達の舞と宴会とは言え、大晦日の祭りと正月の祭りとでは、祭りの性格は異質なものだったと言えるでしょう。同じ「鎮魂」の祭りでも、前者は、衰えつつある霊魂の活力を高め、その力を遊離させまいとする霊魂の「新生・再生」を祈願する祭りで、後者は、新年の日の出と共に若返った霊魂の「新生・再生」を祝う「祝賀」の祭りだったことでしょう。

能の世阿弥(ぜあみ)は『申楽談義(さるがくだんぎ)』の冒頭で、次のように述べています。

「遊楽(ゆうがく)の道は一切物まねなりといえども、申楽(さるがく)とは神楽なれば、舞歌二曲を持って本風と申すべし」と。

「猿楽(能)は神楽であるから、舞と歌をもって、猿楽(能)の基本とすべき」と言うのです。

神楽の起源はアメノウズメノ命の乱舞です。アメノウズメノ命の乱舞に類似した巫女達の舞が、沖ノ島の岩陰遺跡の祭りで舞われていたとしたら、沖ノ島は、神楽の、猿楽（能）の、そして芸能の発祥地との推理が働くと同時に、前にも述べましたが、『日本書紀』の「うけいの勝負」の物語が全部で五話もあることから推察すれば、国内で、同様の祭り、それは天つ神～皇室系の祭りが複数行われていたとも考えられ、沖ノ島は「発祥地の候補」程度とすべきかと思われます。

さらに元祖神楽・元祖アメノウズメノ命の乱舞を求めるとすれば、それは「卑弥呼の鬼道」なのです。

現行の神嘗祭の場合、祭りに先立って「10月15日夕刻、御卜（みうら）の儀がある。祭主以下の奉仕員が神慮にかなっているか否かを神におうかがいする行事で、宮掌が祭主以下の職名と名を読み上げると、他の所役が『うそぶき』といって、息を吸い込んで、口笛をヒュット鳴らす。すると、いま一人の所役が笏（しゃく）を持って琴板をコンと打つ」（真弓常忠『神と祭りの世界』）という儀式があります。これは「笏を持って琴板をコンと打つ」行為は、各人が祭りに相応しい人物か神意をうかがう占いで、古代、琴をバチを使って叩くように弾いた名残りかと考えられます。沖ノ島の祭りでも、祭りに先立って、呪術者が琴を弾いて、巫女の選別を行ったり、様々な占いを行う儀式があったものと考えられます。

神饌の種類

神饌はどんなものが供えられたのでしょうか？

「新嘗祭のための国郡(こくぐん)を占ったところ、斎忌(ゆき)は尾張国山田郡、次(すき)は丹波国訶沙郡となった」

これは『日本書紀』の天武天皇の時代の記述ですが、斎忌は「斎（ゆ）酒（き）」で、神聖な酒の意で、新穀・酒料を献上する地のことです。次は主基(すき)で、新穀を献上する地のことです。酒以外の供物は、新穀、つまり米です。神酒とともに新穀が供えられたと見られます。

「岡県主の先祖の熊鰐(わに)が、天皇がお見えになったことを聞いて、大きな賢木(さかき)を根こぎにして、大きな船のへさきに立てて、上枝に白銅鏡（ますみのかがみ）を掛け、中枝には十握剣（とつかのつるぎ）を掛け、下枝には八尺瓊勾玉（やさかにのまがたま）を掛け、《中略》御科（ごりょう）の魚や塩を採る区域を献上した」

これは『日本書紀』の仲哀（ちゅうあい）天皇の時代の記述ですが、天武天皇の時代より前の時代、天皇を迎える際に、日神を迎える祭りのようにご神木を立てる形式の祭りが行われたことを示す記述の中で、その際の神饌が「魚と塩」だったことがわかると同時に、興味深いのは、剣もご神木に飾り付けていることです。

沖ノ島の第二段階の岩陰祭祀の時代の祭りの神饌は、神酒と新穀に加えて、魚と塩の二種もあったかも知れません。

○御酒は瓺の閇高知り　瓺の腹満て雙べて　和稲・荒稲に　山に住む物は　毛の和物・毛の荒物　大野原に生ふる物は　甘菜・辛菜　青海原に住む物は　鰭の広物・鰭の狭物　奥つ藻菜・辺つ藻菜に至るまでに　横山の如く打積み置きて
……。（『延喜式祝詞』）

《現代語訳》神酒は十分に醸造した酒を高さのある甕にたっぷりと入れて並べ、

玄米と荒米をお供えし、加えて山の生きものは、鳥や獣など種々の毛のある動物、畑に育つものは、種々の野菜、海に育つものは、大小様々な魚や種々の藻菜にいたるまで取りそろえ、どっさりと横山のように積んで……。

これは天武天皇4年4月10日に勅使を遣わして風神を龍田立野(たつたのたての)に祀り、大忌神(おおいみのかみ)を広瀬河曲(ひろせのかわら)に祀ったとされる広瀬大忌祭と龍田風神祭の祝詞からの抜粋です。二つの祭りとも神饌の内容は同じです。御神酒と稲は神前に設けた祭壇の一段高いところに奉って、その他の神饌はその前方にどっさりと積み上げた印象です。

この祝詞は広瀬大忌祭と龍田風神祭の祝詞とは言え、延喜式の時代の祝詞なので、天武天皇の時代(沖ノ島の祭祀遺跡では第二段階の岩陰祭祀の終盤か、第三段階の半岩陰・半露天祭祀の初め)の両祭りの神饌とは内容を異にすると思われますが、このようにいくつも供えられるようになるのは、沖ノ島の場合、律令祭祀の時代の第三段階になってからだろうと見ています。

ご神木は岩上祭祀の祭りでは、巨岩の上に起こし立てたと見ていますが、岩陰祭祀の祭りでは、ご神木はどう変化したのでしょうか?

○賢木を根ごと掘り起こし、枝に八尺瓊勾玉と八咫鏡と布帛をかけ、フトダマが御幣として奉げ持った。(『古事記・神代上巻・天石屋戸』)

○天児屋命と太玉命は天香山の繁った榊を掘り起こし、上の枝には八坂瓊之五百箇御統をかけ、中の枝には八咫鏡あるいは真経津鏡をかけ、下の枝には青い布帛と白い布帛をかけ共に祈禱をした。(『日本書紀・神代上』)

『古事記』には「掘り起こした賢木に連珠の玉・鏡・布帛を飾り付けて捧げ持ち」、『日本書紀』には「掘り起こした榊に玉・鏡・布帛を飾り付けて、祈禱をした」と記されています。つまり、ご神木は起こし立てて、岩の上に固定したご神木(神籬)ではなく、掘り起こして、飾り付けをした移動可能な榊のご神木の太御幣になっています。

沖ノ島の岩陰祭祀段階の祭りでは、巨岩の上に立てるべきご神木(神籬)はなくなり、その代わりに、玉・鏡・布を飾り付けたご神木(太御幣)を神職が捧げ持ち、祝詞に合わせて、神職が太御幣をゆすったと考えられます。その変化は、巨岩そのものを、限りなく神に近い霊的存在として崇(あが)めるようになったことによると思われます。

第3章
死後の世界

王塚古墳石室（レプリカ）

モガリと本葬の二段階葬送儀礼

葬祭未分化の実態は、いったい何だったのでしょうか？

古墳の副葬品と沖ノ島のような祭祀遺跡の出土品に共通する祭祀品が多く見られることから、古墳時代は、葬（葬送儀礼・本葬）と祭（神祭り）とが分化していない状態（葬祭未分化）と見られています。

沖ノ島の場合、岩上祭祀段階の出土品は、古墳時代前期〜中期、岩陰祭祀段階の出土品は、古墳時代後期の副葬品と重なっています。

○人が死んだときは、葬るのに棺はあるが槨（かく）はない。土を盛って塚を作る。死後十日あまりは喪に服す。そのときには肉をたべず、喪主は大声でなき、他の人達は歌ったり踊ったりして酒を飲む。喪があけると、家中総出で水中で清め、練沐（れんもく）のようにする。（『魏志倭人伝（ぎしわじんでん）』）

○其処に喪屋をつくって、河雁(かわがり)を岐佐理(きさり)持ちとし、鷺を掃持(ははき)ちとし、翠鳥(そにどり)を御食(みけ)人(びと)とし、雀を碓女(うすめ)とし、雉を哭女(なきめ)とし、このように各役目を決めて、八日間、昼も夜も歌い踊った。(『古事記・神代上巻・天若日子の葬儀』)

古代の日本の葬送儀礼にはモガリの風習があったことが知られています。モガリについて折口信夫は「万葉集にある殯ノ宮(あらきのみや)又は、もがりのみやに、天皇・皇族を納められたことが知れる。殯宮奉安(ほうあん)の期間を、一年と見たのは、支那の喪の制度と、合致して考へる様になつてからの事で、以前は、長い間、生死が訣らなかつたのである。死なぬものならば生きかへり、死んだのならば、他の身体に、魂が宿ると考へて、もと天皇霊の著(つ)いてゐた聖躬(せいきゅう)だと、新しく魂が著く為の身体と、一つ衾(ふすま)で覆うておいて、盛んに鎮魂術をする。今でも、風俗歌をするのは、聖上が、悠紀殿・主基殿に、お出ましになつてゐられる間、と拝察する」と述べています。

古代の人は本葬の前に喪に服して、モガリを行っていました。モガリはひと言で言えば、鎮魂の儀式です。その儀式は、かつては冬至の頃に行われた鎮魂祭の「タマフリ」と「タマシズメ」の儀式(衰えつつある霊魂の活力を高め、その力を遊離させまいとする霊魂の「新生・再生」の儀式）と同じ宗教観で通底していると考えられます。つまり、人の死を太陽の衰え（死）と重ね合わせ、死者に対して、鎮魂の儀式を行ったのではないでしょうか。そうであれば、その儀式を行うために、沖ノ島の祭りと同様の神を招き迎える「降神」の儀式、つまり神祭りが、先ず行われたことになります。古墳の副葬品の主な物は、そうした祭りに用い、祭りで神が宿った祭祀品を神の国に行く死者とともに埋納したものに違いありません。そしてその行為は、祭祀品を土に埋めた行為や、かつて遷宮で撤下された伊勢神宮の神宝類を土に埋めた行為と相通じる宗教観に基づいていると見ています。

鎮魂祭に見られないものがモガリに見られます。それは大泣きをする哭女（なきめ）役です。現代であろうと、古代であろうと、親近者の死は悲しいものです。古代人は悲しいときに涙ぐむ現象を神が与えた「清め」の現象と考えたのではないでしょうか。「清め」の起こりは漠然と、日一日と腐敗していく遺体に対してと自分自身に対してだったかもしれません。それがいつしか、モガリの中で積極的に「儀式化」したのではないでしょうか。清めや穢（けが）れの思想はモガリの風習の中で、芽生えたというのが、わたしの推理です。

古代の広い意味での葬送儀礼は、神祭りをともなう「モガリ」の儀式と「本葬」の二つの儀式で構成されていたことを認識して初めて、古代の日本人が古墳に副葬された品々や壁画にこめた思いに、一歩近づくことができるのです。

モガリとは？　勾玉とは？　たまとは？

モガリにおいて、鎮魂の儀式はどんな意味があったのでしょうか？

「新しく魂が著く為の身体と、一つ衾で覆うておいて、盛んに鎮魂術をする」と折口信夫は述べています。「衾」は「喪」で、この行為は、古代人が喪に服する際に、実際に行った行為を示していますが、死者を死者として認識した後に行う鎮魂の儀式は、死者の新たな門出のために死者に若々しい霊魂を宿らすために行われたのではないかと、古代人の死の後に新たな生命が生まれるという死生観・宗教観から考えられるのです。それは「新嘗には休み籠って神霊が依りつくのを待った」(『日本書紀・神代上』）と通底する宗教観でもあるのです。

『古事記』には、イザナギノ命は、妻に先立たれた痛恨のあまりに、不幸の原因になった御子の火の神のカグツチノ神を斬り殺し、その体から神が生まれたことや、またスサノヲの命に斬り殺されたオオゲツヒメの頭から蚕が生まれ、目から稲が生まれ、耳から粟が生まれ、鼻から小豆が生まれ、陰部から麦が生まれ、尻から大豆が生まれたことなど、死から新しい生命が誕生する話が出てきます。そのほか『古事記』では、神さまが体を清めたり、穢れを祓ったりすることにより、神さまが生まれます。新しい生命の誕生する条件として、「死」か「清め」か「お祓い」が想定されています。

神功皇后の時代に、殯ノ宮で亡き天皇の穢れを祓うために、筑紫の国から大祓の祓物を集めて、神に捧げ、大祓の儀式を行ったということが記されています。前にも述べたように、宮中祭祀における大祓は、新嘗祭とセットで行われていた儀式です。古代人は人の死を太陽の衰え（死）と重ね合わせて考えていたであろうことが、そのことからもうかがい知ることができます。すなわち、モガリは、死のあとに新たな生命を誕生させるための儀式として、大祓に通じる宗教観で相通じ、そこでは大祓と基本的に同じ儀式が行われたと見ています。

勾玉は何を象ったものだったでしょうか？

弥生時代の甕棺は蚕の繭（まゆ）の形、そして古墳時代の古墳は、卵の形だったのではないかと考えています。

○たまごの古い言葉はかひ（穎）で、たまごのことをかひこ（蚕）と言いました。ものを包むものも「かひ」と言ったことから、蛤（はまぐり）貝・蜆（しじみ）貝などの貝も「かひ」と言われるようになりました。（折口信夫）

○かひは、密閉して居て、穴のあいて居ないのがよかつた。其穴のあいて居ない容れ物の中に、どこからか這入つて来るものがある、と昔の人は考へた。其這入つて来るものが、たまである。そして、此中で或期間を過すと、其かひを破つて出現する。（折口信夫）

折口信夫は「たま（霊魂、神）は密閉された卵形の入れ物の中に入り、一定期間を経て、「入れ物を破つて出てくる」と説いています。思うにこれは、古代人が霊魂や神さまのことを蛾や蝶の一生のように考えていたことによるものと考えられます。

古代の人は、ご神木を立てて、神を招き迎える祭りを行ったのちに、剣や鏡や玉や土器などの神が憑いた祭祀品を被葬者の副葬品として埋納し、そして、弥生時代は、北部九州の場合、死者を繭形の甕棺（金海式甕棺）に収めて、土をかぶせて密閉し、古墳時代は卵形の古墳で密閉し、死者の新たな命の誕生を祈願したのではないかと考えられるのです。そう考えた時、弥生時代から古墳時代の墳墓に埋葬された死者が身につけた勾玉や、死者と共に副葬された勾玉が何なのかの謎も解けるのです。

答えは、勾玉はカイコです。カイコは蚕の幼虫ですから、その若い生命力も信仰を生む要因かと思われます。

弥生時代の北部九州の王墓クラスの墓に数多くの勾玉や玉類が副葬されていますが、例えば、奴国の王墓とされる須玖岡本（すぐおかもと）遺跡（弥生時代中期〜後期）の墓には、勾玉と玉類が副葬されていました。副葬する前の形は、勾玉付き連珠の玉だったことでしょう。

「最古の王墓」と言われる福岡市西区の吉武高木遺跡（弥生時代前期末〜中期初頭）の甕棺に副葬されていた、勾玉の最古段階の獣形勾玉は、カイコに極めて似ています。弥生時代の奴国の人は、蚕の幼虫を象った勾玉を胸に飾り、繭形の甕棺で密閉して、幼虫が繭を作り、繭の中でサナギになり、羽化し、殻を破って、蛾になって飛んで出て行くように、王の新たな命の誕生を祈願する、いわば「蚕信仰」があったのではないでしょうか。勾玉は若い命であり、霊であり、神であり、そして呪具であったことでしょう。

弥生時代の甕棺や古墳時代の石棺や木棺の中から、絹がたびたび見つかっています。『魏志倭人伝』には「稲や苧麻を植え、蚕を育て、紡いで細い麻糸、綿、絹織物を作っている」と記されていて、魏志倭人伝の時代、蚕が弥生人の身近な生き物だったことがわかります。絹は神さまの糸と信じていたに違いありません。

『古事記』によると、木花之佐久夜毘売は産屋の戸を土で塗りふさいで子どもを産んだとされています。この産屋は卵の変形とみなすことができるでしょう。朝鮮語で天空をハヌル、またはハナルと言い、ハナルはハン（大）とアル（卵）の複合語だそうです。つまり、天は大きな卵。そこから卵が人間誕生の器とみなされたそうです。韓国慶州の天馬塚（てんまづか）の石室から、20個あまりの卵が発見されています。死者の「新生・再生」を願っての埋納かと考えられます。『古事記』によると、死んだ日本武尊（やまとたけるのみこと）は墓から白鳥になって舞い上がり、海に向かって飛んで行きます。折口信夫の「たまは密閉された卵形の入れ物の中に入り、一定期間を経て、入れ物を破つて出てくる」の論を思い起こさせる物語です。

○日本人は霊魂をたまといひ、たましひはその作用をいふのです。そして又、その霊魂の入るべきものをも、たまといふ同じことばで表してゐたのです。凡信仰に無関心な人々も、装身具の玉は、信仰と多少の関係を持つてゐると考へてゐますが、はつきりとは考へてゐません。昔の人は、其を密接に考へてゐました。即、尊いたま（霊）が身に這入らなければ、その人は、力強い機能を発揮する事は出来ないと信じてゐました。だから威力ある霊魂が、其身に内在する事が、宗教的な自覚を持つた人々には、重要な条件であり、さうした人々が、霊魂のありかをつきとめてゆく考へが、玉に到達するのです。（折口信夫）

折口信夫は「霊魂の入ったものが『たま』で、霊魂の根源が玉。玉を身につけることは、霊力を持つこと」と説いています。また、648年、孝徳天皇が発布した『大化の薄葬令（はくそうれい）』に「死者に含ませる珠玉は必要ない」と定められています。この条文は、それまでは死者に玉を含ませて埋葬していたことを意味し、つまり、古代の人が玉を死者が「新生・再生」するための薬、あるいはそれに類するものとして見ていたことを意味し、古代の人が玉に特別な、死者を蘇らせるほどの霊力を見ていたことを教えてくれる一文なのです。中でも、連珠の玉飾りは、霊力を極めた形で、それをさらに極めたのがアマテラス大御神が身につけたとされる勾玉付の連珠の玉飾りと、古代の人は信じていたのではないでしょうか。

古代の人にとって、繭形、卵形に密閉して埋葬することが「新生・再生」のために欠かせないことで、その死生観・宗教観は弥生時代の甕棺から古墳時代の古墳へと受け継がれたのではないでしょうか。

●コラム⑤ **吉武高木遺跡**

吉武高木遺跡は、福岡市の早良平野を貫流する室見川中流左岸扇状地（吉武遺跡群）に立地する。

1984年度調査で弥生時代前期末〜中期初頭の金海式甕棺墓・木棺墓等11基より銅剣、銅戈、銅矛の武器（11口）、多鈕細文鏡（1面）、玉類多数（464点）が出土した（吉武高木遺跡）。遺跡群内には同様に多数の副葬品を有する前期末〜中期後半の甕棺を主体とした墓地（吉武大石遺跡）、中期後半〜後期の墳丘墓（吉武樋渡遺跡）がある。またこれらの墓地の周辺には同時期の集落が広がり、吉武高木遺跡の東50mからは12m×9.6mの身舎に回廊をめぐらした掘立柱建物も発見され、「高殿」の可能性が指摘されている。

これらは紀元前2世紀以降の北部九州における「国」の成立課程を知る上で重要な位置を占めるものである。（『福岡市の文化財』）

この吉武高木遺跡出土の青銅器は紀元前3世紀のもので、日本列島で本格的な使用が始まる最古段階のものとされています。玉類の多さには目を見張るものがありますが、玉（勾玉）に剣に鏡の、いわゆる三種の神器が副葬された例としては、最古級になります。また、玉、鏡、剣そして銅釧の腕輪（沖ノ島の場合はイモガイの貝殻を輪切りにした石釧と呼ばれる腕輪）のセットは、沖ノ島の岩上祭祀遺跡の祭祀品と基本的に一致していて、それはとりもなおさず、沖ノ島の岩上祭祀の時代からさかのぼること7～8世紀前に、吉武高木遺跡の被葬者の葬送儀礼において、（おそらく本葬の前に）降神の神祭りが行われていたことを想像させると同時に、7～8世紀前にモガリが行われていたことを想像させます。

　この吉武高木遺跡のある福岡市西区の早良平野を流れる室見川流域一帯は、野方久保遺跡（紀元前2世紀の遺跡で、翡翠の勾玉、玉類、獣帯鏡、把頭飾を伴った銅剣など出土）、東入部遺跡、岸田遺跡など、弥生時代（紀元前3世紀から紀元前2世紀）の遺跡が存在しています。

須玖岡本遺跡の葬儀の原初的形態と蚕信仰

「新生・再生」の死生観・宗教観という観点で、興味深い事例があります。

福岡県春日市の須玖岡本遺跡群・奴国の丘歴史公園には、弥生時代の甕棺墓を発掘時の状態で展示している二つの覆屋（おおいや）（A棟とB棟）があります。この覆屋では墓地の北端部に位置する甕棺墓群の一部と祭祀遺構が見学できます。

○甕棺墓はすべて弥生時代中期中頃（紀元前1世紀）のもので、成人棺が深く埋められた後、その周囲に6基の小児棺（しょうにかん）が続けてやや浅い位置に埋置（まいち）された状態がわかります。このように成人用甕棺墓の傍らに複数の小児用甕棺墓が存在する例は、他の甕棺墓地でもよくみられます。祭祀遺構は墓地と関連した遺構で、甕棺墓群の周囲に分布しています。中から祭祀に使用された土器が出土しました。（覆屋A棟の案内板）

この覆屋A棟の甕棺と隣接する祭祀遺構から出土した土器は、すべて割られていま

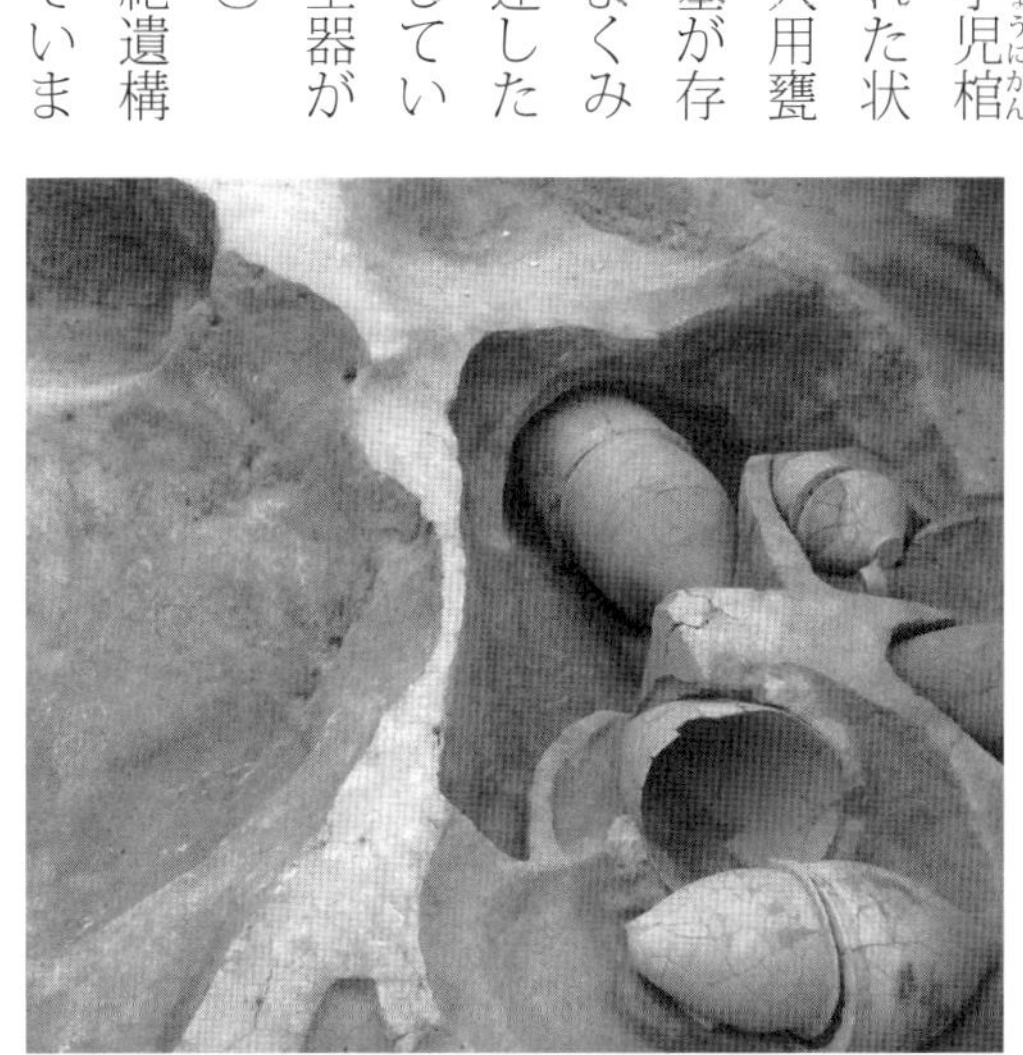

覆屋A棟の甕棺と隣接する祭祀遺構

した。土器を破砕して埋めたと思われる祭祀遺構は、須玖岡本遺跡群の他の甕棺墓でも見つかっています。

この覆屋では墓地の西端に位置する甕棺墓、土壙墓(どこうぼ)、木棺墓(もっかんぼ)および竪穴遺構を発掘調査時の状態で公開しています。

○ここに展示している成人用甕棺墓は、弥生時代中期後半（今から約2000年前）のもので、大型の甕棺に木蓋(きぶた)をしていたと考えられます。木棺墓と土壙墓の時期は明らかではありませんが、鉄剣が出土した木棺墓については、甕棺墓や土壙墓より古いことがわかっています。

竪穴遺構については住居跡とも考えられますが、墓地の一角につくられていることや、柱穴(はしらあな)が竪穴の周囲に配されていることなど、ほかの住居跡とは異なった点が注目され、埋葬と関係した建物であった可能性もある遺構です。（覆屋B棟の案内板）

注目すべきは、墓地の一角に造られた竪穴遺構です。この遺構に死者を安置し、モガリを行った可能性が考えられ、もしそうであれば、奴国では弥生時代中期には、モガリの風習があり、喪に服して、霊魂の「新生・再生」を祈願する儀式ののちに、儀式で用いた酒を盛った土器を割り、死者の「新生・再生」を祈願して、死者を見送ったのではないか、そして、後にモガリで用いた祭祀品の多くを死者と共に、墓に副葬するようになったのではないかと考えられるのです。

「伊都国王墓の祭祀品の破砕と神社祭祀と埴輪の起源」（第2章）のところで、祭祀品の破砕の例として、奴国の須玖岡本遺跡に近い立石（たていし）遺跡で見つかった中国式銅剣の三分割埋納の例や、伊都国の三雲南小路王墓（みくもみなみしょうじおうぼ）と井原鑓溝王墓（いわらやりみぞおうぼ）の遺跡で見つかった剣、鏡、玉、そして巴形銅器（ともえがたどうき）などの破砕の例を取り上げましたが、北部九州では、弥生時代の中期から後期にかけて、神さまを迎えるために神祭りを行い、霊魂の「蘇生」を祈願する儀式を行ったのちに土器を含め、神霊が宿った祭祀品を破砕して、霊魂の「新生・再生」を祈願し、死者を見送ったのではないか。もしそうだったとしたら、須玖岡本遺跡を含む北部九州の葬送儀礼の形態は、モガリの風習も含めて、古墳時代の葬送儀礼のめばえ、つまり「はじまりの形態」ということになります。

整理すると、「土器の破砕、鏡の破砕、弥生時代の北部九州の遺跡や沖ノ島の遺跡で見られる剣の破砕と連珠の玉の破砕などの神霊が宿った祭祀品の破砕は、神霊や死者の『新生・再生』を祈願する儀式で、その宗教観が『記紀』のアマテラス大御神とスサノヲの命のうけいの勝負の神話を生んだ。その神話の淵源は、奴国の須玖岡本遺跡の甕棺墓の土器の破砕ではないか。伊都国の三雲南小路王墓と井原鑓溝王墓に象徴的な弥生時代の北部九州の遺跡で見られる剣、鏡、玉そして巴形銅器などの祭祀品の破砕ではないか。それらの祭祀品は、神さまを招き入れる神祭りの祭祀品で、ご神木に飾り付けられていたのではないか。加えて、巴形銅器が国家公認の神器とならなかったのは、太陽を象った鏡を優先したためではないか」と考えられるのです。

弥生時代の奴国の一角である福岡市博多区の那珂遺跡群（なかいせきぐん）からは、脚部に綾杉文（あやすぎもん）を施した大型巴形銅器の鋳型が出土しています。綾杉文は太陽の光を文様化したものと見られ、「巴形銅器は太陽を象った神祭りの祭祀品」のわたしの説を補強してくれます。この巴形銅器は、青柳種信が『柳園古器略考』に記録した井原鑓溝王墓の巴形銅器と形態と意匠が酷似していて、弥生時代後期、少なくとも、奴国と伊都国の王族や司祭者は同様の宗教観を持ち、友好的な関係であったことをモノ語っています。

２０１６年６月、その須玖岡本遺跡から国内最大級の甕棺墓が見つかりました。遺跡からは紀元前１５０年頃（弥生時代中期前半）の銅剣と青銅製の柄飾り「把頭飾（はとうしょく）」が出土し、遺物の周りでは、絹織物や水銀朱が確認されました。奴国の人は紀元前１５０年頃からもう既に、「蚕信仰」を持ち、死者を絹で何重にも包み、そして、棺を神さまの色の朱で満たし、繭の形の甕棺に収め、死者の「新生・再生」を祈願して、死者の新たな船出を見送ったのでしょう。

余談ですが、須玖岡本遺跡の出土品が展示されている奴国の丘歴史資料館を訪ねた折、ガイドをして下さったガイドボランティアの塚本幸弘さんに土器を割って死者を見送る話をしたところ、「そう言えば、特攻隊を見送る際に、杯を割って見送りましたよね」と。わたしはふと、葬儀で死者を見送るとき、茶碗を割る風習があるのを思いだし、意味づけはともかく、「割って見送る」という宗教的行為が日本人のDNAに組み込まれているのではないかと思ったのでした。

○於頭生蠶、於二目生稲種、於二耳生粟、於鼻生小豆、於陰生麥、於尻生大豆。（『古事記・神代上巻・大宜津比賣神（おおげつひめのかみ）』）

《現代語訳》大宜津比賣神（おおげつひめのかみ）の死体の頭から蚕が生まれ、目から稲が生まれ、耳から粟が生まれ、鼻から小豆が生まれ、陰部（ほと）から麦が生まれ、尻から大豆が生まれた。

○唯有其神之頂化爲牛馬、顱上生粟、眉上生蠒、眼中生稗、腹中生稲、陰生麥及大小豆。（『日本書紀・神代上』）

《現代語訳》保食神（うけもちのかみ）の死体の頭から牛馬が、額から粟が、眉から蚕が、目から稗（ひえ）

が、腹から稲が、女陰から麦・大豆・小豆が生まれた。

これは『古事記』と『日本書紀』の五穀の起源を記した記述ですが、『古事記』は蚕以外はすべて穀物で、『日本書紀』は穀物以外は蚕と牛馬になっています。食料や食料生産とは縁のない蚕が、同列で登場すること自体、特別なことを意味しますが、その特別なこととは、思うに、古代人は蚕を「生命の源」と考えたからではないでしょうか。

テクノポリス「須玖遺跡群」と祭祀品の埋納と祭葬の源流

須玖岡本遺跡の丘陵の北側平野部一体には、青銅器や鉄器、ガラス製品を生産していた国内最大級の工房跡が集中して見つかっています。この東西１㎞、南北２㎞の範囲は、一つの大集落と考えられ、「須玖遺跡群（すぐいせきぐん）」と呼ばれています。その須玖遺跡群からは、銅剣（どうけん）、銅矛（どうほこ）、銅戈（どうか）、小銅鏡、小銅鐸、銅鏃（どうぞく）などの青銅器を製造する鋳型が２００点以上、加えて、坩堝（るつぼ）や銅滓（どうさい）などが見つかっています。

2015年、須玖タカウタ遺跡から弥生時代中期（紀元前2世紀頃）のものと見られる多鈕鏡の鋳型が見つかりました。鏡の鋳型としては日本最古とされています。2017年、同じく須玖タカウタ遺跡から弥生中期（紀元前2世紀頃）のものと見られる銅剣につける把頭飾の土製鋳型の一部が見つかりました。この把頭飾の鋳型と同型と見られる把頭飾は、柄と把頭飾を一体として鋳造した銅剣で有名な佐賀県の吉野ヶ里遺跡や福岡市西部の早良平野の岸田遺跡や野方久保遺跡などからも出土しています。出土例は11例報告されています。

青銅器工房やガラス工房の跡地は、北部九州に集中していますが、その内の半数以上が須玖遺跡群にあります。これらのことは、弥生時代にこの一帯が「弥生のテクノポリス」と呼ぶに相応しいハイテク産業集積地帯であったことを物語っています。

1977年、須玖岡本遺跡の岡本地区の奴国の王族墓と見られる甕棺墓から、ガラスの勾玉と824個以上のガラスの小玉が見つかっています。勾玉は長さ4.8センチで、弥生時代最大級の大きさです。アマテラス大御神が左右の角髪や髪どめや左右の手に巻いた勾玉付き連珠の玉は、各500個ですから、合計すると、それには及びませんが、遺跡から出土した一人分の連珠の玉の数としては、世界最大級ではないでしょうか？　824個以上ものガラスの小玉も、その生産力があって、造り得たものなのでしょう。

この一帯で生産された青銅器は、韓国、対馬、北部・中部九州、四国・中国そして関西などへ広く流通していて、広範囲に及んでいます。このことはそれらの地域と交易（物々交換）を行っていたことを示すもので、交易圏の地域に及ぼす文化的・社会的・経済的影響は、さぞかし大きかったことでしょう。弥生時代、那珂川は大河で、工房跡地一帯のすぐ近くに川岸があったと考えられ、船で海に出るのも容易だったことでしょう。

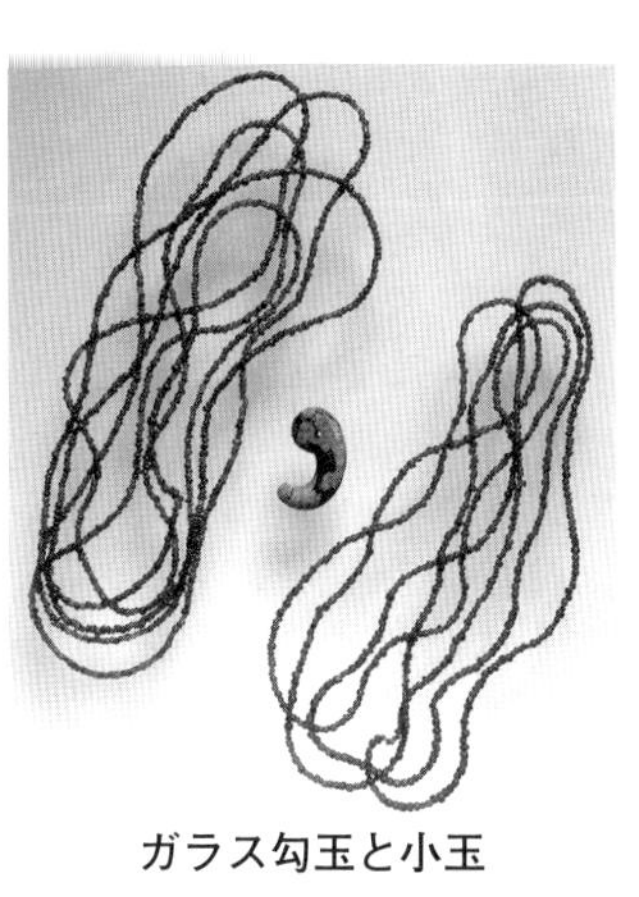
ガラス勾玉と小玉

そうした中で、三種の神器の一つの勾玉を含む玉への信仰は、例えば、須玖岡本地区の王墓や王族墓と見られる甕棺墓に勾玉付き連珠の玉が副葬されていたように、奴国の人々にとって、とりわけ重要な呪具であったことでしょう。その背景には、奴国に限らず、伊都国や末盧国など北部九州一帯で、とりわけ権力者の並々ならぬ「勾玉と玉」への信仰があったと考えられるのです。

三種の神器の一つの剣がまとまった数で埋められている遺跡が、須玖遺跡群で4箇所見つかっています。その内、原町遺跡からは全長35センチほどの銅戈が、切っ先を上下交互に並べた状態で48本見つかり、紅葉ケ丘遺跡からは27本の中広銅戈が見つかっています。これらの銅戈は、神祭りで神さまを招き迎えるためなどに用いられた祭祀品で、祭りの後、沖ノ島の祭祀品が土（＝神）に埋納されたように、聖地と定めた場所に埋納されたものと見ています。

三種の神器ではありませんが、祖霊、あるいは精霊を招き寄せる祭祀品と、わたしは見ている銅鐸も、同じ宗教観で土に埋められたものと考えています。しばしば見られる破壊銅鐸については、前に述べた「鎮魂」や「破鏡」の宗教観と通じる行為と見るべきでしょう。

福岡県太宰府の宝満山修験の峰入修行に、入宿灌頂（かんじょう）と呼ばれる秘儀が伝わっています。灌頂というのは、修験者が昇進するときに、香水（こうずい）を頭にふりかける儀式のことで、灌頂を受けるものは、洞窟内で手の中に小石を持ち、香水を頭に注がれ、その日を命日とすると言うそうです。そして、石を家に持ち帰り、名前を記入した上で身につけ、その石は次の峰入りの際に、山中の秘所に埋めるそうです。これは山から持ち帰った神の依りついた霊石を、再び山に埋め戻す儀式と見られ、この儀式も古代に行われた剣などの祭祀品の埋納と通底する思想を今に伝えるものかと考えられます。

改めて、弥生時代前期末～中期の北部九州の「祭」「葬」文化について見ると、「倭国大乱」以前の北部九州の小国家は、例外なく太陽の鏡、降神の剣、若い命であり、霊であり、神である玉（勾玉）の三種の神器を主要祭祀品とした「祭」「葬」文化を持つ国々であったことが、出土品から読み取れます。卑弥呼はそうした文化的背景の上に君臨した女王なのです。

沖ノ島の祭祀遺跡段階について言えば、三種の神器の実物を主要祭祀品として祭りが行われた岩上祭祀の祭りは、弥生時代に北部九州で興った「祭」文化をまっすぐに継承したものと言えるでしょう。ところが、その祭りの形態は、次の岩陰祭祀段階になると、ミニチュア品が増大し、様変わりしてしまいます。その変化は百済との関係によって生じたものと見ていますが、そのことについては、後の「沖ノ島と竹幕洞遺跡のご神木の祭祀品」(第6章)で解説しています。

ところで、北部九州で「驚く」の意味でよく使われる「たまがる」は、「たま(魂)」に、「悲しがる」などの「がる」が付いて、「たまげる」は、「楽しげ」など、気持ちを表わす「げ↓げる」が付いて、「たま(霊魂)が乗り移ったような気持ちになる」の意と解釈でき、「玉信仰」の名残りと考えるのは、考えすぎでしょうか。

装飾古墳内は光の国

古代人は死後の世界をどのように考えていたのでしょうか?

九州に多く見られる装飾古墳の絵が一つの参考になろうかと思います。

福岡県那珂川町片縄にある丸ノ口古墳群（まるのくちこふんぐん）は、片縄山（かたなわやま）の山裾に広がる片縄山古墳群の一部で、那珂川北中学校建設に先立ち、平成9～12年までの4年間で42基の古墳を発掘調査したところ、これらの古墳（円墳）からは装身具や武器、馬具の他、たくさんの高杯などの土器が出土し、二基の古墳からは類例の少ない技法による装飾が見つかったそうです。出土品からこの古墳群は6世紀代に造られたと推定されています。

この古墳群にある二基の古墳の装飾はシンプルなゆえに、古代人が死者を埋葬する古墳に込めた想いかよくわかります。

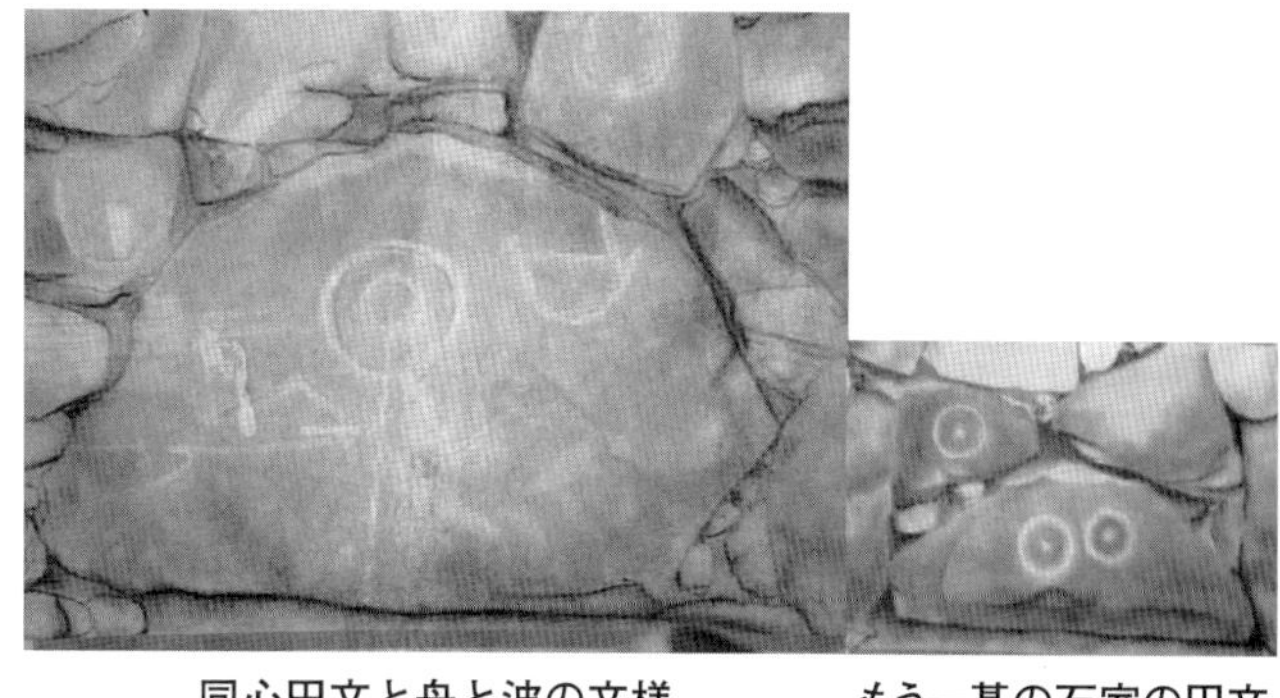

同心円文と舟と波の文様　　もう一基の石室の円文

石室には同心円文（太陽）と舟と波を表わしたと思われる文様が描かれています。古代の人は死者は光にあふれた死後の世界に舟に乗っていくと考えたに違いありません。

日本の古層の文化は海辺の石のようなものに、海の彼方から神さまを招き迎え入れるという南方海洋系の水平型の宗教観でした。地的宗儀と言います。その宗教観に天空の彼方から神さまが降臨するという北方大陸系の垂直降臨型の宗教観（天的宗儀と言います）が結びついて生まれたのが、古墳時代の日本人の宗教観です。

古代の人は太陽が生まれる東方の水平線の彼方に、神さまの国、死者の国があると思っていたことでしょう。古代の人は死後の世界、つまり来世は海の彼方にあって、そこへ行く手段が……舟と考えたのでしょう。

伊勢神宮本宮の「心（しん）の御柱（みはしら）」の真上に天照大神のご神体の八咫鏡（やたのかがみ）が納められ、その八咫鏡は船形の箱に納められているそうです。伊勢神宮は古代の人の宗教観を今に伝えています。

もう一基の方の石室に三つの円文が描かれていて、太陽が照り輝いているように見えます。

古代の人は死というものを不吉なものとは考えなかったと考えています。

以下はモガリについての『古事記・神代上巻・天若日子の葬儀』の記述の一部です。

……雉為哭女、如此行定而、日八日夜八夜遊也。

「……キジを哭女(なきめ)とし、各役目を決めて、八日間、昼も夜も歌い踊った」という意味です。

おそらく、丸ノ口古墳群の被葬者の場合も、本葬の前に、ささやかながらも、哭(な)き女(め)役の女性が、(韓国時代劇での王様崩御のときのように)大泣きし、女性を中心に歌舞・酒宴が行われたことでしょう。

石室内は光の国と考えた方がよいでしょう。

朱で染められた棺内も光の国と考えた方がよいでしょう。

装飾古墳の奇妙に見える絵を見ると、誰しも、現代人的感覚で「魔除け」などの負のイメージを持ちがちです。そういう見方は、古代の人の真の死生観を読み誤ってしまうことでしょう。

太陽の光の文様と神が宿る祭祀品

「冬籠りの春」という枕詞があります。その枕詞について、倉林正次は『天皇の祭りと民の祭り』で、「冬ごもりの状態から解放されることが、ハル（晴）であり、同時に季節のハル（春）をそこに発見した。冬祭り（ミタマノフユマツリ）の忌み籠りから解放され、そこに出現する状態がハレ（晴）であり、季節で言えばハル（春）なのである」と説いています。

モガリを終えて、死者を埋葬して見送るときは、「ハレ」であり、「ハル」であり、「新春」であり、「正月」を迎える気持ちだったのではないでしょうか。

福岡県嘉穂郡桂川町の王塚（おうづか）古墳（6世紀中頃）の装飾壁画の絵は「魔除け」の絵ではなく、太陽の光を描いたものと見ています。プリズムと言えば、イメージがつかみやすいかも知れません。福岡県宗像市の桜京古墳（6世紀後半頃）の石屋形の柱と奥壁に描かれた赤・緑・黄で塗り分けられた三角形の連続模様も、同じく太陽の光を描いたものと見ています。

双脚輪状文と呼ばれる謎の文様は、太陽と太陽が生み出す霊気で、その霊気のみを図形化したのが、蕨手文ではないでしょうか。

古墳の石室の石障や石棺や埴輪や剣などに見られる謎の文様の直弧文は何の文様でしょうか。×が鮮明に彫られた石障や石棺に見られる直弧文は、禁止の祈りや呪い、あるいは魔除けの文様と、一般的に考えられています。本当にそうなのでしょうか。

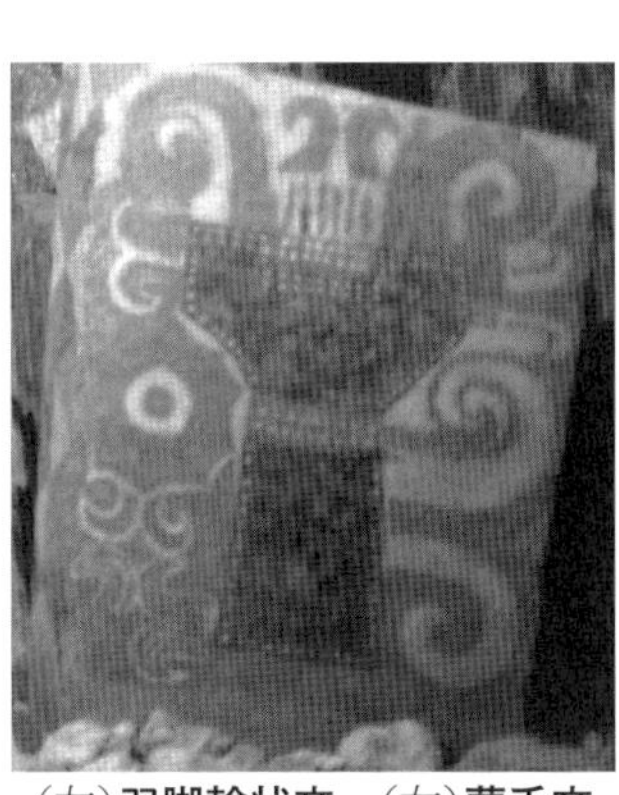
（左）**双脚輪状文**　（右）**蕨手文**

奈良県の纏向遺跡の弧文円盤の直弧文は、直線的な底辺から立ち昇る炎か、大波のように弧文が彫られています。岡山市の千足古墳の石障の直弧文の×も、福岡県の石人山古墳の石棺の直弧文の×も、×で区切られた4箇所それぞれに別の弧文が立体的に彫られていることがわかります。つまり、×は渦状の帯の組み合わせで創られた組帯文(くみおびもん)の上に×を施したものではなく、×は直弧文の一部で、四種類の直弧文が彫られていると見るべきでしょう。千足古墳の石障の場合、浮彫表現が用いられていて、各四面が立体的になっています。これらの文様も太陽の光を表現したもので、太陽の光を古代人のセンスで、図形化したものと考えられます。ステンドグラスと言えば、イメージがつかみやすいかも知れません。

古墳時代中期を中心に、近畿地方の古墳から革盾(かわたて)と呼ばれる革製の盾が集中的に出土しています。革盾は木製の枠に革を張り、糸で刺繍を施し、表面に漆を塗って仕上げた副葬品と考えられています。

革盾には、綾杉文(あやすぎもん)、鋸歯文(きょしもん)、菱形文(ひしがたもん)などの文様がありますが、これらの文様も、王塚古墳の絵と同様に、太陽の光を描いたものと見ています。

また、銅鐸の綾杉文、鋸歯文などの文様も太陽の光を、渦巻文の文様は太陽を描いたものと考えられます。

これらの文様は「三角を基本にした文様」であることは間違いなく、三角縁神獣鏡の三角の縁は、同様の宗教観から創作されたであろうことを考えれば、三角縁神獣鏡は古代の日本人が考案した造形であろうと考えられます。

弥生時代から古墳時代の甕棺や土器や埴輪などの赤みを帯びた色も太陽や太陽の光の色を表わしていて、そのの朱系の色は神さまの色、そして、神さまが寄り憑く色、神社の色へと変わったと見ています。

装飾古墳には、矢と矢を入れて背に負う筒状の道具の靫が描かれたものがあります。『住吉大社神代記』に、船木連の遠祖の大田田命が日神を舟に乗せて、大八洲にもたらしたとの言い伝えが記されています。その日神を招き迎える祭祀品として用いられたのが、弓矢なのです。

また『住吉大社神代記』には、祭りの祭祀品として、多く奉献されていることが記されていることから、日本の古層の文化を受け継いできた海人族にとって、弓矢は必要欠くべかざる祭祀品だったことがわかります。矢は天空に射られることや、矢の形は日光が射すイメージを持たせることなどに起因してのことと見ています。装飾古墳に描かれた矢や靫は、命を守る武具であることから、被葬者を守る意味を持つ上に、いわば日神を象徴するもので、光輝く太陽と同等の絵として見るべきで、それは石室内が光の国であることにも適った絵なのです。

住吉大社では、かつて御結鎮神事と称して、年頭に、弓十番と賭弓三番の神事が行われていました。おそらくそれら弓神事は、海の彼方から日神を招き迎える神事に始まった神事なのでしょう。そして「破魔矢」は、年頭に、新生した正月の神さまを招き迎える「浜矢」（真弓常忠説）だったのでしょう。

王塚古墳の石室には盾とみられる絵が描かれています。この絵は命を守る武具の盾の形を図形化したものであるのと同時に、銅鐸や銅戈や土器などの神祭りに用いる祭祀品、あるいは、「神さまとつなげる呪具」の特殊器台・特殊壺や円筒埴輪の形を単純図形化したものであろうと見ています。つまり、盾の形は神霊が宿ったものを表現した形（＝日神）とも考えられるのです。そして、革盾はその図形化された素材に太陽の光の文様を施したものであろうと見ています。また、空洞のある祭祀品、例えば、武具の甲冑も命を守る武具であるのと同時に、「神さまとつなげる呪具」「神霊が宿った呪具」として副葬されたものであろうと見ています。

「太陽の光の文様」、「神さまとつなげる呪具」に関連して言えば、伊勢神宮に代表される神社建築の屋根に設けられた千木(ちぎ)は、太陽の光を象ったものというのが、わたしの推理です。

三種の神器の剣についてはどうでしょうか?

剣自体が光輝いていて、太陽、そして剣の形は太陽の光と見ることができます。太陽との関連が見られるのはそれだけでしょうか。

素環頭大刀(そかんとうのたち)の柄飾りの輪(輪は二個ではなく一個。二個の場合は鳥)は、太陽。須玖タカウタ遺跡(福岡県春日市)出土の把頭飾と呼ばれる銅剣の柄飾りの復元された形態は、柄頭(つかがしら)の丸い輪が太陽で、フリルスカート状のものが太陽の光と見えなくもありません。

草薙の剣の先祖との説のある三雲王墓（福岡県糸島市）出土の銅剣についてはどうでしょうか？

この銅剣の柄頭は人の目のような形をしています。伊都国では太陽を人の目のような形で表わしたのでしょうか。もしそうであれば、王クラスの剣の柄頭も、基本的に太陽を象ったデザインということになります。

前方後円墳の形と九州勢力の東進と周濠の出土品

青柳種信による弥生時代の伊都国の王墓の発掘記録『柳園古器略考』（りゅうえんこきりゃくこう）について、「剣を依り代にする神社の祭りの起源を考える上で、そして、弥生時代後期の葬送儀礼の形態と古代人の宗教観を読み解く上で、見逃せない貴重な記録」と、前に述べましたが、「前方後円墳に代表される古墳文化思想の始まりと見られる記録」とも、わたしは見ています。

『柳園古器略考』で、「『小壺は土中に逆さまに覆うようにあり、内には朱が詰まっていて』と記録された小壺は、《中略》埴輪へと変化し、古墳の聖域を示す造形物になったのではないか」と、前に述べました。もしそうであったなら、どうして埴輪のはじまりが壺なのでしょうか?

その理由は、神さまに捧げる神酒を入れる「壺」は、『記紀』に書き記されたように、天と地の神さま、天神地祇(てんじんちぎ)を祀るために優先して造られた祭祀品であった上に、弥生時代も古墳時代も、古代の日本人にとって、「神さまの器」として、最も身近な祭祀品で、時別なモノであったからでしょう。

古墳時代が始まった頃の前方後円墳は、最初期の纒向(まきむく)型と言われるホタテ貝型の前方後円墳で、その形は「壺型」をしています。古代の人は祭祀品を模した絵や図形も、霊魂が宿るモノとして描いたと見ています。それは八百万(やおよろず)の神々を信仰する日本人が自然に身につけた信仰の形で、精霊信仰の延長線上の宗教観だと考えられるのです。その宗教観はお墓の形にも及び、「弥生時代の終わりの頃、日本人は、死者の新たな人生の始まりに相応しいお墓の形は、祭祀品の壺の形が相応しい形と考え、前方後円墳の形を考案した」と見ています。

前方後円墳の築造方法については、まず後円部の石室側壁の上部まで盛り土をして、天井板を取り付けたのち、天井石を覆って、後円部の墳丘を造り、墳丘完成後に前方部を造ったと考えられる前方後円墳が、日本列島各地で見つかっています。そうした造りの前方後円墳は、一時期円墳であった時代が想定され、その時代に本葬が行われ、その後に、前方部を造り足して、神霊が宿る祭祀品の壺の形をした壺型の前方後円墳に造り変えたと考えられます。

そうであるなら、「新生・再生」の祈りをこめた繭形、卵形の円墳に前方部を足して、壺型にした前方後円墳は、古墳時代の日本人にとって、理想的なお墓の形だったに違いありません。

古墳時代が始まった頃の纏向型前方後円墳などの前方後円墳は、後円部の築造の工法や構造、そして副葬品の構成など、北部九州の墳丘墓とよく似ています。加えて、古墳の外形は吉備（岡山）を含む瀬戸内地域の影響が見られます。そのお墓の形態は、大和の基層の弥生文化には見られないものです。つまり、弥生時代の終わりの頃に、大和の地で政治的宗教的変革が興ったと考えられるのです。

そのことを伝えるような古文献はあるのでしょうか？

『日本書紀・神武天皇』は、日神の子の饒速日命（以後、ニギハヤヒ）は、物部氏の先祖で、神武東征に先立ち、天磐船に乗って天降ったと伝えています。

民俗学者の谷川健一は自著『白鳥伝説』の中で、物部氏の足跡をもとに、ニギハヤヒの勢力の九州からの東進のルートを四国の北岸ルートと見て、伊予↓讃岐↓摂津↓河内↓和泉↓大和と説いています。


そのニギハヤヒの勢力の規模は、どれくらいの規模だったのでしょうか？

『先代旧事本紀』は、「十種の神宝をもち、三十二人の防衛、五部人、五部造、天物部等二十五部人、船長という多数の随伴者を従えて天降った」と伝えています。

ニギハヤヒの同行者の出身地と推定される地名は、北部九州と近畿に偏っています。

『日本書紀・神武天皇』は、神武天皇は塩土老翁に「東の方に四周青え山の美地があり、ニギハヤヒが天磐船でそこに天降った。そこは天下の中心地で、大業をするのに足るところであるから、都するのがよい」と勧められ、王子達の判断で、東征することを決めたと伝えています。
その神武天皇の東征のルートはというと、ニギハヤヒの勢力の九州からのルートが、四国の北岸ルートであったのに対し、筑紫の岡田の宮に一年ほど滞在した後、阿岐の国（安芸、今の広島県）に七年ほど、吉備（今の岡山県）に八年ほど滞在し、明石海峡を通って、熊野に入る、中国地方の南岸ルートで東征したことになっています。

『邪馬台国の会』を主宰する古代史研究家の安本美典は、260年から270年に起きた寒冷期（日本産樹木年輪の示す炭素14年代という測定方法のデータ）という気象異変（寒冷期は世界中で争乱や移動を起こす）から、「ニギハヤヒの勢力の九州から畿内への東遷年代を260年から270年前後、神武天皇の勢力の九州から畿内への東遷年代を280年から290年前後」と推理しています。

ニギハヤヒの勢力の東進が260年から270年前後というのは、親魏倭王の称号を持つ邪馬台国の卑弥呼が、265年に魏が滅亡した後、266年に晋王・司馬昭の子司馬炎が建てた西晋に朝貢したという266年と重なります。安本氏は「ニギハヤヒの命の畿内への東遷は、邪馬台国本体の遷都、つまり東遷に近かったのではないか」と推理しています。

突然襲った寒冷は人々を動揺させ、それを予知できなかったであろう時の政治的な支配者でもあった司祭者の信望を損ねる大事件であったことは明らかで、日神を最高神として崇める勢力が、朝日が昇る東へ東へと新天地を求めて移動したという話は、十分にあり得る話です。

壺型のお墓の前方後円墳の最初の築造地がどこであったかはともかく、先ず、瀬戸内海と山陰の日本海の沿岸ルートで、畿内と九州の間で見る見る間に広まり、そして、列島各地へと徐々に広まりました。その壺型のお墓の形が畿内と九州の間で一気に広まった理由は、北部九州の勢力が東進したことにより、九州と畿内との間の海路が開け、交流が活発化し、九州・西日本・畿内で、同様の宗教的な文化圏が形成されていたからだろうと見ています。大和に東進した勢力が、大和朝廷につながる勢力であったと見て間違いないでしょう。

例えば、大分県宇佐市の赤塚（あかつか）古墳、福岡県京都郡の石塚山（いしづかやま）古墳、福岡県筑紫野市の原口古墳などの九州の最古級（3世紀中頃〜4世紀はじめ）の前方後円墳からは、同笵鏡と見られる鏡が出土しています。そして、京都府木津川市にある3世紀末と見られる椿井大塚山古墳からも、同笵鏡と見られる鏡が出土しています。

鏡の製造地はともかく、新たに造られたご神鏡は、司祭者か司祭者の配下の司祭者が大切に葬儀の場に運び、その場で葬儀を行ったものと考えられます。宗教関係者、技術者ほか同行者も集団であったことでしょう。迎え入れた地では、政治的・宗教的な影響を受け、太陽を拝み、日神を信仰する同じ宗教観のもと、互恵的な連帯意識を育んだことでしょう。その背景として、弥生時代から築き上げた北部九州の海人族の宗教的、経済的、政治的な力があったことは間違いないでしょう。

古墳の周濠から、鋤や鍬や馬具の輪鐙など多種類の木製品、埴輪、土器などが見つかっています。

それらは死者を埋葬する前に使用した道具や祭祀品と思われ、濠の水に沈め、清めることで、旅立った死者が現世で残した穢れを祓ったのではないでしょうか。

そうだとすれば、埴輪はモガリで用いられた可能性が想定され、初期埴輪の円筒埴輪は、その形態からモガリで大型器台として用いられた可能性があります。仮にそうではなくても、埴輪を含め、古墳に用いられる祭祀品はすべて、神さまを宿す儀式「神祭り」を経たものであったであろうことは、想像に難くありません。言い換えると、古代の人は祭祀品は神祭りの洗礼を経て初めて、古墳に用いる祭祀品としての条件を満たしたと判断し、本葬の際に墳丘に設置できなかった埴輪は、濠の水に沈めたのではないかと、そして、濠から剣、鏡、玉の三種の神器が見つかっていないのは、まさにそれらが死者とともに副葬されるべき「神器」だったからではないかと推理しています。

高松塚古墳とキトラ古墳の壁画が語る宗教観

古墳時代終末期の古墳に、飛鳥美人で有名な高松塚古墳があります。２００５年の発掘調査により、築造されたのは、藤原京期の694年〜710年の間と見られています。

奈良県高市郡明日香村で極彩色の古墳壁画が発見されたのは、1972年のことです。当時大きく報道され、一躍脚光を浴びました。その高松塚古墳の壁画の10年に及ぶ修復作業の結果、最新のデジタル技術でおよそ1300年前の壁画が鮮やかに再現され、再び脚光を浴びています。極彩色で描かれた飛鳥美人などの16人の男女の群像は、正月元日の朝に天皇に拝礼をする新春祝賀の儀式「朝賀(ちょうが)の儀式」を描いたものであることが、男女が手にした持ち物が、「朝賀に於ける女子の持ち物は『圓翳(えんせん)・如意(にょい)・蝿拂(ようほつ)』、男子の持ち物は『太刀(たち)・屏繖(かさ)・桙(ほこ)・杖(つえ)』である」のと一致することにより、すでに解き明かされています。

2016年には、藤原宮大極殿院(ふじわらのみやだいごくでんいん)の南門の前から、大宝元年(701年)の正月元日の朝賀の儀式で立てられた7本の幢幡(どうばん)の遺構が見つかっています。

『続日本紀(しょくにほんぎ)』は、その儀式の様子を「天皇、大極殿に御(おは)しまして朝(ちょう)を受けたまふ。その儀、正門に烏形(うけい)の幢(はた)を樹(た)つ。左は日像(にちぞう)・青竜・朱雀の幡(はた)、右は月像(がつぞう)・玄武・白虎(びゃっこ)の幡なり。蕃夷(ばんい)の使者、左右に陳列す。文物の儀、是(ここ)に備れり」と伝えていて、朝賀の儀式では、左側に太陽に加え、青竜、朱雀の幡が、右側に月に加え、玄武、白虎の四神の幡が立てられたことがわかります。

このように日像、月像、四神などの幡は朝賀の儀式に用いられた祭具で、高松塚古墳の壁画に描かれた日像、月像、四神（朱雀は未発見）は、朝賀の儀式の幡の構成と一致します。

高松塚古墳の、被葬者が横たわる石室に描かれた極彩色の図は、その図が確かに、朝鮮半島や唐や渤海の影響がうかがわれる画風・画法ではあっても、日本の古墳では古墳時代終末期においてもなお、「死者を埋葬して見送るときは、『ハレ』であり、『ハル』であり、『新春』であり、『迎春』」に通じる宗教観による葬儀が行われていたことを教えてくれる晴れやかな図なのです。

古墳時代終末期の壁画古墳にキトラ古墳（明日香村）についてはどうでしょうか？

キトラ古墳にも石室の壁面四方に四神が描かれていて、さらに石室の天井に描かれた天文図には、東に日像、西に月像が描かれています。高松塚古墳の壁画と同じく新春祝賀の儀式「朝賀の儀式」の幡の構成と一致します。

四神の下に描かれた子像を北に、午像を南にして右回りに配置された十二支像（十二支の獣首人身像）は、暦の始まり（＝新年）を表現したものではないでしょうか。逆に言えば、これらの壁画は、キトラ古墳が築造された時代に、すでに藤原宮で「朝賀の儀式」あるいはそれに類する儀式が、正月に行われていたことを示唆しています。

キトラ古墳の被葬者と目される有力候補者の一人、高市皇子が亡くなったのが、持統天皇10年（696年）で、高市皇子は天武天皇と胸形徳善の娘の尼子娘の間に生まれた天武天皇の長男です。

元嘉暦と儀鳳暦の二つの暦が併用して使われ始めたのが、持統天皇4年（690年）で、二つの暦から儀鳳暦が単独で使われるようになったのが、皇子が亡くなった翌年の文武天皇元年（697年）です。

被葬者が高市皇子だった場合、皇子の死とキトラ古墳の十二支像の暦の壁画と新暦の施行（儀鳳暦の単独実施）との関係はどうなのでしょうか？

十二支像の壁画は、まさに新暦の始まり（＝新年）を表現したもので、ほぼ同時に現実の世でも、新暦の施行を開始したことになります。皇子の死が新暦の施行を決めるきっかけになった可能性が高いと見ています。古墳の完成と葬儀は、没後一年後の文武天皇元年（697年）だったと考えられます。

日蝕と高市皇子の死と譲位の真相

さらに推理してみましょう。

○秋七月辛丑朔、日有蝕之。壬寅、赦罪人。戊申、遣使者祀廣瀬大忌神與龍田風神。庚戌、後皇子尊薨。（『日本書紀・持統天皇』原文）

『日本書紀』の持統10年（696年）7月10日条によると、皇子が薨去（こうぎょ）する9日前の7月1日に日蝕が起こったことにより、7月2日に罪人の赦免を行い、7月8日に使者を送って、広瀬大忌神（ひろせおおいみのかみ）と龍田風神（たつたのかぜのかみ）の祭りを行っています。そして、7月10日に皇子が死去しています。

罪人の赦免は天皇の崩御のあとや天皇の即位の大嘗祭や冬至の頃に行われた新嘗祭の前後に行われるのが常でした。罪人の赦免は大祓（おおはらえ）、つまり、お祓いとして行われました。「日有蝕之。壬寅、赦罪人」の記述から、太陽が欠けていく日蝕を天皇の死（↓日神の死↓太陽の死）や太陽が減退する冬至と同じように見ていたと見られます。

高市皇子の死については、天武天皇の皇子（しかも長男）で太政大臣（だいじょう）という最高の地位にありながら、「後皇子尊薨」とのみ、まるで「さわらぬ神にたたりなし。しかし、死去した事実は記さなければならない」であるかのように、素っ気なく記されています。その記述後も、皇子に関する記述は一切ありません。

思うに、天文学的な日蝕の回数はともかく、『日本書紀』に記録された日蝕の回数を数えると、持統天皇の世に6度もの日蝕が記録されていて、皇子の死は最後の6度目の日蝕が招いた「不吉な死」であって、それは日神を祀り、政（まつりごと）を司る持統天皇の天皇としての資格無しと見られ、天皇自身もそう見たことと、二つの暦が存在することに起因すると考えたのではないか。その結果、翌年697年に持統天皇（女帝）から文武天皇への譲位が行われ、新暦の施行が行われたのではないでしょうか。

『懐風藻』は、次期天皇決定会議について、次のように記しています。

「時に群臣、各々私好をはさみて衆議紛紜」

臣下達一人一人が支持する次期天皇を推したため、議論が紛糾したことがわかります。

葛野王は、「わが国では、神代より天位は子や孫がついできた。もし、兄弟に皇位を譲ると、それが原因で乱が起こる。この点から考えると、皇位継承予定者はおのずから定まる」と述べ、軽皇子（文武天皇）を主張します。

『日本書紀』は、次期天皇決定の記事を次のように記しています。この記述が『日本書紀』全文の最後の一文です。

○「八月乙丑朔、天皇、定策禁中、禪天皇位於皇太子」。（原文）

《現代語訳》持統11年（697年）8月1日、持統天皇は宮中で策を決定し、皇太子（軽皇子、文武天皇）に天皇の位を譲った。

わたしが注目したいのは、この会議のときには、すでに譲位が決まっていたと見られるということです。

高市皇子の死について、持統天皇によって暗殺されたという説がありますが、宗教的な観点から見ると、「日蝕に次ぐ、皇子の死がもとで、天皇の譲位が持ち上がり、臣下たちが行った議論を参考に、持統天皇が宮中の神聖な場所で思案し、みずからの意志で文武天皇に天皇の位を譲った」というストーリーが見えてきます。

○六月丙寅朔丁卯、赦罪人。辛巳、遣五位以上、掃灑京寺。甲申、班幣於神祇（『日本書紀』原文）

日蝕から11カ月後、持統天皇は6月2日に罪人の赦免を行い、6月16日に五位以上の臣下に、京の寺を祓い清めさせ、6月19日に天と地の神々に幣帛（へいはく）を奉っています。また、高市皇子の一周忌を迎える三日前の7月7日の夜に、盗賊１０９人の赦免を行っています。

○明日香の　清御原の宮に　天の下　知ろしめしし　やすみしし　我が大君　高光る　日の皇子(みこ)　いかさまに　思ほしめせか　神風(かむかぜ)の　伊勢の国は　沖つ藻も靡かふ波に　潮気のみ　香れる国に　味凝(うまごり)　あやにともしき　高光る　日の御子（『万葉集』巻2―162）

《現代語訳》飛鳥の浄御原(きよみはら)の宮(みや)に、天下をお治めになったわが大君(おおきみ)、日神の御子は、どのようにお思いになられてか、伊勢の国の沖の藻をなびかせる波にゆられ、潮の香りばかりがする国に行かれてしまいました。お会いしたくてなりません、日神の御子よ。

この和歌は持統天皇が亡き天武天皇のために内裏で御斎会(ごさいえ)を行った夜、持統天皇が夢のうちに習い覚えたとされる和歌です。

持統天皇は亡き天武天皇に向かって、「日神の御子」と語りかけています。同じく「日神の御子」である高市皇子が日蝕後に亡くなった事件は、持統天皇に重くのしかかったことでしょう。

持統天皇は、自身の世に死を招かせた「日神の御子」の高市皇子の葬儀に際し、天井が家形の石室内に、四神と十二支象と277個の星がきらめく天文図を描くことを命じ、皇子の旅立ちのために最大限の「ハレの日」を演出し、皇子を手厚く見送ったのではないでしょうか。

船原古墳遺物埋納坑の正体

1996年、宗像大社辺津宮からおよそ10キロメートル南の福岡県古賀市の船原古墳群で発掘調査が行われました。船原古墳群3号墳（6世紀末〜7世紀初頭）は直径が25メートル前後、高さ2メートル以上の古賀市地域で最大クラスの大型古墳で、石室の石材の表面が赤色のベンガラで塗られていたことから、装飾古墳と見られています。古墳内は盗掘を受けていたため、出土品はわずかでしたが、金銅製の装飾品は葬られた人物の地位の高さをモノ語っています。

被葬者は、この地は528年12月に勃発した「磐井の乱」（後の「新羅と北部九州の親しい関係」で解説）の舞台となった地に近いことから「大和政権の支配拠点・

糟屋屯倉の統括者の子孫」（福岡大学・桃崎祐輔教授）や「宗像氏と並ぶ豪族」（九州大学・西谷正名誉教授）などと見られています。

船原古墳群3号墳の近くには、宗像一族の首長墓と見られる宮地嶽古墳（6世紀末頃）があります。

2013年、船原古墳群3号墳の古墳石室入口から約5メートル西の位置から埋納坑が見つかりました。埋納坑は位置関係から船原古墳群3号墳に関連したものと推定されます。

船原古墳遺物埋納坑から、その数500点以上の多数の遺物が出土したのは、2013年のことです。埋納品は、金銅製馬具各種と弓。馬具を詳しく見ると、乗馬用の器具の鐙、鞍、轡と、馬の装飾品の辻金具、杏葉、雲珠、馬の頭を守るかぶとの馬冑、そして、装飾品をつないで留める蛇行鉄器。

これらの馬具類は沖ノ島の岩陰祭祀段階から出土した馬具一式と同じく、三国時代の新羅の技術を持つ「新羅系馬具」を主体にしたものです。

注目すべきは、金銅製歩揺付飾金具と名付けられた船原古墳遺物埋納坑出土の雲珠の中心部分（鉢部）の宝珠飾と沖ノ島出土の金銅製歩揺付雲珠と名付けられた雲珠の宝珠飾とが、酷似して見えることです。金銅製歩揺付飾金具は、花びら形をした飾り馬具で、4世紀以降の鮮卑、高句麗、百済、加羅、新羅で用いられ、特に新羅の墳墓から技巧的に優れたものが数多く出土しています。

今後、他の馬具類が金銅製歩揺付飾金具の復元と同様に最新科学技術の活躍で復元された場合、沖ノ島出土の馬具類と酷似、あるいは同一であることが、判明するのではないかと期待されます。そうであったなら、『日本書紀・雄略天皇』の「凡河内直香賜と采女を遣わして、宗像の神を祭らせた」の記述のように、モガリを含めた広い意味での葬送儀礼は、朝廷から派遣された司祭者や巫女などが行った可能性も想定され、馬具類などの葬儀品は、朝廷と地元とで用意された国の宝品と考えられます。

船原古墳遺物埋納坑に埋納された葬儀品はいったい何だったのでしょうか？

答えはモガリにおける神祭りに用いた祭祀品の一部です。

出土品のほとんどは馬具類です。馬具類は神の乗り物である神馬（しんめ）の装着品でしょう。神馬は神さまを天空から招き迎えるのに欠かせないものです。弓矢の矢は神を招く祭祀品ですが、弓矢の弓は弦を弾けば、神を招き、託宣をうかがう祭祀品でもありました。埋納坑は祭祀遺構と呼ぶべき性格のものと見ています。

６４８年、「大化の薄葬令（はくそうれい）」が発布されるおよそ半世紀前の7世紀前後の時代、葬送儀礼は、仏教の時代に入りつつありました。その時代、朝鮮半島からは多くの仏師が渡来していました。そうした時代的な背景が、葬送儀礼の前段階のモガリの儀式の役割が重要視されなくなり、モガリで用いられた神祭りの祭祀品を古墳に埋葬する副葬品の選別をもたらしたのではないか、そして、その結果、副葬から除外されることになった馬具類と弓は、かつて遷宮で撤下された伊勢神宮の神宝が地中に埋められたように、古墳の西側5メートルのところに埋納されたのではないかと見ています。

除外した理由として考えられるのは、埋葬が死者の新たな世界への、文字通り

「船出」と考え、「神さまを天空から招き迎えるための神馬の装着品である馬具と弓を除外したため」で、船岡古墳群3号墳が埋納坑の東に位置しているのは、朝日の方向へと船出するという宗教観によるものではないかと見ています。

前にも述べた福岡県糸島市の平原王墓（ひらばるおうぼ）における「破鏡」は、神の世界・光の世界へと船出する女王の魂に新たな生命が宿ることを祈願する儀式だったことでしょう。それは鎮魂祭の霊魂の「新生・再生」の宗教観と通底する儀式なのです。

「大化の薄葬令」に、「王より以下庶民にいたるまで、殯（もがりや）を造営してはならない」との記述が見られることから、7世紀半ばまでは、モガリの風習が地位に関わりなく、広く行われていたことがわかります。

埋納坑からひとつ謎のものが見つかっています。

○馬具に布のような黒漆（くろうるし）の有機物が絡みついて出土するのも異例だ。馬具のひとつである泥よけの障泥（あおり）ではないか、埋納した穴の底に敷いた敷物ではないか、と意見は割れる。（「朝日新聞」）

葬送儀礼に用いる布は白布が通例の時代に「布のような黒漆の有機物」とは、これは一体何なのでしょうか？

現物を見ていないので、あくまで推測ですが、これは馬具の鞍橋（くらぼね）の前面あるいは背面に取り付ける鞍金具の「海」と呼ばれる木製部に布張りされた布ではないでしょうか。鞍金具が沖ノ島の7号遺跡から出土しています。それは海部分が遺存していないことから、木製であったと見られます。また、海部分と接する磯と呼ばれる金具の上面に布片が付着していることから、海部分は布張りされていたと見られます。埋納坑から出土した黒漆（の有機物）は木製部に塗られたもので、布張りした布に黒漆が付着したものと見ています。

相島積石塚群と胸形君

福岡県糟屋郡新宮町の沖合8キロメートルの海上に浮かぶ「相島（あいのしま）」は、現在は猫ファンの間では「猫の島」としてよく知られる島で、日韓の歴史ファンの間では「朝鮮通信使の島」としてよく知られる島です。その相島の東部に、「相島積石塚群」と呼ばれる積み石ばかりで造られた総数254基（未発見も有り）の墓が分布する区域があります。積石塚群の範囲は海岸線南北約500メートル。墓は玄武岩の礫だけで造られています。

この積石塚群の墓は、墳径約3メートルから5メートルほどの小型円墳と方墳が中心で、内部主体は、竪穴式石室、箱式石棺、横穴式石室の構造をし、築造時期は最初期は古墳時代前期で、5世紀前半から6世紀中頃が中心と推定されています。

一体、だれによって、なぜこのような積み石の墓が営まれたのでしょうか？

古代の日本人、とくに海人の人たちは「神さまは石に宿る」と強く信じていました。

古代の日本人は亡くなったご先祖様は神さまとなって、子孫を守護すると信じていました。

皇祖神であるアマテラス大御神を日本人の総氏神とする思想は、そうした風習の上に生まれたものです。

積石塚群のある相島東部の海辺から見た対岸には、胸形君一族の墳墓群と見られる「津屋崎古墳群」を望むことができます。逆に、宗像地域からは、西方海上に相島を望むことができます。

宗像一族の首長墓と見られる宮地嶽古墳のある宮地嶽神社から見た相島は、参道を正面とすると、真正面の位置にあります。

今日、宮地嶽神社では年に2回、海に沈む夕日が相島と海岸と神社の参道とが一直線で結ばれる日に「夕陽の祭」が開催されています。宮地嶽神社では、その日を「ご祖先様が坐すあの世とこの世が一直線に繋がる日」として大切にされてきたそうです。

「夕陽の祭」ポスター

素朴に考えて、海辺からいつも拝むことのできるお墓は、残された者にとって理想的な墓所なのです。

そのお墓を実現したのは、宗像一族と宗像地域で暮らす海人（あま）の人々だったのではないでしょうか。

宗像の海人の人々は、日の沈むところにある相島を「死者の国」や「黄泉の国」と想像したのではないでしょうか。

しかも、相島は神宿る石「霊石」が豊富にある島。

そのような島は墓所として、最良の場所と考えたことでしょう。

光の国・神の国へと船出する石室に眠る死者にとって、朝日が輝く島の東側は、理想的な場所なのです。

古墳時代の古墳の時代まで、石を「霊石」と見て墓に用いてきました。古墳時代の墓は構造的に「石の家」と言っても過言ではありません。

古代の日本人、とりわけ海人の人々にとって、石（霊石）づくしの墓は最高級の理想を追求した墓の形なのです。

朝鮮半島、玄界灘、日本海、瀬戸内の海路を行き来して、朝鮮半島と日本列島の古墳の形態をよく知る宗像の海人の人々が、もっとも理想的なお墓の形と考えて創り出したのが、石（霊石）づくしの墓だったのではないでしょうか。

２０１５年、福津市教育委員会の調査で、相島のオパサイト玄武岩の元素構成比と、「津屋崎古墳群」のうちの「新原・奴山古墳群」の1号墳（5世紀前半の前方後円墳）、「勝浦峯ノ畑古墳」（5世紀中頃の前方後円墳）そして、「宮地嶽古墳」（7世紀前半〜中頃の円墳）の石室の石材の元素構成比が、ほぼ一致していることがわかりました。

「津屋崎古墳群」の古墳の石室に用いられた石材の産地の相島は、古代、死者の島であると同時に霊石を生む「霊地」でもあったのでしょう。

「相島積石塚群」が営まれた時代は、沖ノ島の祭祀は第二段階の岩陰祭祀の時代。おそらく沖ノ島で祭祀を司っていた祭祀集団によって、相島は厳しい入島制限が設けられ、石材を運び出すときには厳粛な神事が行われたことでしょう。また「相島積石塚群」で行われた葬儀についても、同じ祭祀集団の管理のもとでとり行われていたことでしょう。

祭祀集団はだれだったのでしょうか?

『古事記・神代上巻』と『日本書紀・神代上』には、宗像三女神を祀ったのは「胸形君等」と記されていて、『日本書紀・神代上』に異伝として、「筑紫水沼君等」と記されています。

「水の神」を意味するミヌマ(谷川建一説)を豪族名にした祭祀集団の「筑紫水沼君」は、安曇・(筑紫の)物部系祭祀集団の本流で、筑紫の大豪族の磐井のもとで、祭祀に関わっていて、磐井の支配下だった宗像地域の祭りに関わり、その祭祀集団の系譜が「胸形君」へと連なるのではないか。もしくは、「胸形君」は「筑紫水沼君」と同じ宗教観を持った宗像地域の海人族系祭祀集団なのではないか。「筑紫水沼君」は筑紫国の国家的な祭祀集団で、「胸形君」は宗像地域のローカルな祭祀集団だったのではないか。「等」が示す意味は、胸形君が宗像地域の大豪族としての地位を築く前までは、同じ宗教観を持つ他の安曇・(筑紫の)物部系祭祀集団が祭り執り行うこともあったのではないか。「相島積石塚群」の葬儀を管理したのは、広い意味で宗像一族（胸形君一族）だったのではないか、と見ています。

なぜ「相島積石塚群」を管理したのは、宗像一族だったのでしょうか？

『日本書紀』には、応神天皇3年、諸国の海人が騒いだので、安曇連の祖の大浜宿禰にこれを収束させ、かれを海人の宰にした」と記されています。以来、日本列島から朝鮮半島・大陸の海路は、安曇族の力が隅々にまで及んだと考えられます。安曇族は博多湾入口の志賀島を本貫地とする最古株の海人族で、全国海人のリーダー格の海人族です。言うなれば「全国区」の海人族です。また安曇族は、『日本書紀』の編纂者に選任された安曇連稲敷をはじめ、天皇家に仕える氏族として、歴史に名を残す人物を数多く輩出した名門氏族です。

宗像地域の海人族の宗像一族も、安曇族と同じ宗教観を持った、いわば安曇系海人族で、「地方区」の海人族です。双方は対立的な関係ではなく、同族意識を持った互助・互恵的な関係だったと見るべきです。この関係は安曇・（筑紫の）物部系祭祀集団の水沼君と胸形君との関係と重なります。

海人族と天皇家には、神さまは「三神一組」を尊ぶという共通の認識がありました。そこから「三」を尊ぶ思考が生まれました。「三」を尊ぶ思想については、後の「住吉三神と筒の意味と三神一組の起源」（第5章）にて解説しています。

宗像一族が宗教的行為を行う域内に沖津宮、中津宮、辺津宮の「三つの祭場」が存在していました。その「三つの祭場」の好条件の上に、巨岩が連なる「黄金谷」のある沖ノ島の沖津宮は、国内最上級の祭場でした。これら「三つの祭場」で祭りを司った宗像一族は、皇祖神アマテラス大御神の子の宗像三女神を奉り祭るほど、宗教的な力を持つようになったと考えられます。

宗像一族が「相島積石塚群」を管理するようになったのは、こうした宗像一族の国家公認の宗教力・政治力を背景に、宗像地域から見て、相島が位置的に「死者の国」や「黄泉（よみ）の国」として好条件を備えていたことによるものではないかと見ています。

第4章

舶載品考

金製指輪

沖ノ島の新羅系馬具

新羅系馬具とされる沖ノ島の馬具について見てみましょう。

沖ノ島で数多く出土している金銅製の棘葉形杏葉（きょくようけいぎょうよう）の場合、朝鮮半島南部地域を原形として、九州から関東まで、各地で出土しています。それらはデザインの系統性は認められるものの、各地で独自の多様なデザインが施されています。中でも沖ノ島の棘葉形杏葉と奈良県の藤ノ木古墳（6世紀後半）の棘葉形杏葉のデザインは、際立って精巧なデザインを誇っています。これらのことは、古墳時代既に、全国規模で各地に祭祀品を製造する工房が存在していたことが推察でき、全国各地の工房の中でも、沖ノ島や船原古墳の馬具を造った工人と藤ノ木古墳の馬具を造った工人のデザイン力が優れていたことが見て取れます。それら馬具の工人が朝鮮半島南部域からの渡来人、あるいはその子孫だった可能性は、十分にあり得ます。

沖ノ島からは別の種類の金銅製の棘葉形杏葉も出土しています。その杏葉は細長で、棘の形が鈍角をしていて、類品が三国時代の新羅の古墳から出土しています。中でも壺杅塚からは、よく似た類品が出土しています。また、沖ノ島出土の心葉形杏葉は、加耶や新羅の古墳から類品が出土しています。

沖ノ島出土の馬具の帯金具の玉虫装飾は、三国時代の新羅の代表的な技法で、新羅の王陵から出土する馬具に類例が見られます。沖ノ島出土の歩揺付雲珠は、国内の古墳から類品が出土していますが、三国時代の新羅で多く見られる馬具の装着品です。

市元塁の研究により、馬具の頸総金具であるのが確実となった「金銅製香炉状品」と名付けられていた沖ノ島の出土品は、「5世紀に成立した北魏様式の系譜をひく6世紀後半から7世紀前半の頸総金具であり、製作地は朝鮮半島か日本列島のいずれかと位置付けたい」との見解を示されています。

沖ノ島の馬具の装着品について言えば、渡来人工人等による国産品と朝鮮半島からの舶載品の両方があった可能性が想定されます。

沖ノ島の金銅製帯金具と金銅製歩揺付雲珠について言えば、藤ノ木古墳の出土品と酷似している上に、杏葉と帯金具の細工の技術力は、最高レベルを誇っていて、大和朝廷との密な関係を連想させるものです。

新羅と北部九州の親しい関係

沖ノ島の岩陰祭祀の時代、とりわけ船原（ふなばる）古墳群3号墳の時代（6世紀末～7世紀初頭）の北部九州と新羅との関係はどうだったのでしょうか？

『日本書紀』は「528年11月に勃発し、同年12月に磐井軍の敗北で終結した磐井の乱は、新羅が筑紫の磐井に賄賂を送り、ヤマト王権軍の海路を遮断したことが引き金になった」と記し、6世紀初め、筑紫が新羅側に立ち、大和政権と敵対していたことを伝えています。

古代山城の大野城が築かれた四王寺山（しおうじやま）から北側の乙金山（おとがなやま）・大城山（おおきやま）・月隈丘陵（つきくまきゅうりょう）では、6世紀から7世紀に大規模な古墳群が多数営まれていて、王城山（おうきやま）古墳群や唐山（からやま）古墳群や善一田古墳群からは、近年、新羅土器が数多く出土しています。この事実は、大野城市周辺に新羅人か新羅と縁のある人々が居住していたと考えられます。

時代は7世紀後半になりますが、2015年、大野城市の隣の春日市の石尺遺跡の奈良時代の土坑から、7世紀後半～8世紀前半の須恵器とともに新羅土器が出土しています。

また、福岡市西部の早良平野を取りまく丘陵でも大規模な古墳群が多数営まれていて、その中の金武古墳（6世紀末～7世紀前半）やその周辺の古墳からも新羅土器が出土しています。この金武古墳群からは石の隙間から土器や鉄製品の破片が見つかっていて、埋葬の際に故意に割った可能性が考えられます。

新羅土器の破片

福岡市博物館学芸員の森本幹彦の報告を参考にさせて頂くと、古墳時代前期の3世紀後半、早良平野の最北部の西新町遺跡から、日本列島で最も多く朝鮮半島の土器が見つかっています。古墳時代中～後期（5～6世紀）には早良区の有田遺跡群や西区の吉武遺跡群から多くの朝鮮半島系土器やその関連資料が見つかっています。古墳時代、新羅土器が出土するようになる時代以前から、この地域、つまり北部九州が倭と朝鮮半島の交流の拠点であったことを出土した朝鮮半島の土器類がモノ語ってくれています。

これらの新羅土器や新羅系馬具類の出土例から言えるのは、特に6世紀後半から7世紀にかけて、現在の福岡市の周縁と周辺地域（福岡市西部、福岡県古賀市、宗像市、大野城市など）では、死に際に新羅の製品を好んでいたこと。ということは、律令制下では喪儀司と呼ばれた葬儀全般を担った人がそうであったこと。ということは、地域の権力者がそうであったということです。そして、直接的にか、間接的にか、北部九州（現在の福岡市の周縁と周辺地域）の勢力は、新羅と交流を行っていたということです。

不思議なことが一つあります。

『日本書紀』は、528年12月、「磐井の乱」で大和朝廷に敗れた筑紫君磐井の子の葛子が領地の「糟屋屯倉」を差し出し、朝廷の支配地となったことを伝えていて、古賀市内には糟屋屯倉の一部とされる鹿部田渕遺跡があります。新羅系馬具が出土した船原古墳遺物埋納坑は、朝廷の支配拠点と目される古賀市にあります。6世紀後半以降、その拠点とその周辺では、新羅系製品が葬送儀礼で多数使用されているのです。このことは、大和朝廷が百済と親交を深めていた時代に、そして、『日本書紀』が「朝廷の支配地」と記した時代の数十年後に、北部九州の勢力は、あたかも独立した政権のように、独自に新羅との交流を行っていたことをうかがわせます。つまり、「磐井の乱」以前も以後も、北部九州は新羅との交流を続けていたのではないかと、文献と発掘されたモノ達から推測されるのです。

北部九州と新羅との関係では、702年の戸籍台帳に、筑紫国の東隣りの豊前国では、新羅系渡来人と言われる秦姓の人口割合が総人口の85%を占めていたことが記録されています。

○田河郡・鹿春郷。この郷の中に川があり、年魚がいる。この河の瀬は清いので、清河原の村と名づけた。いま鹿春の郷というのは清河原の名に由来する。

昔、新羅の国の神が自ら海を渡って来着し、この河原に住んだ。郷の北に峰がある。頂上に沼がある。黄楊樹が生えている。また竜骨がある。第二の峰には銅と黄楊、竜骨などがある。第三の峰には竜骨がある。(『豊前国風土記』)

旧豊前国の香春岳(福岡県田川郡)の一ノ岳のふもとに香春神社があります。神主は赤染氏と敦賀氏。共に渡来人の秦氏族です。その香春神社は宇佐八幡宮の元宮で、八幡神のご身体(銅鏡)を鋳造していて、宇佐八幡の祭祀に関わった辛嶋氏の「辛嶋勝姓系図」によると、「辛嶋氏は渡来系で、スサノオノミコトを祖とし、その子、イタケルノミコトを奉斎し、新羅を経由し、筑前国筑紫神社にイタケルノミコトを祀り、次に香春岳で新羅の神を祀り、さらに宇佐に入り、小倉山に原始八幡を祀った」と伝えています。

新羅系渡来人が、新羅から筑紫を経て、豊前へと広がったという一つの道筋を示すものとして、興味が持たれます。前述の王城山古墳群や唐山古墳群から新羅土器が発見されたのは、県道飯塚大野城線建設予定地内文化財発掘調査事業が実施されたことによります。大野城市（筑紫）から飯塚市（豊前）に通じる建設予定の道路上だったことに、不思議な縁を感じずにはいられません。

新羅の外交戦略と「白村江の戦い」の敗戦処理

○韓半島における鉄生産と交易の実態に関しては、文献記録及び考古資料からもよく知られているが、特に新羅の場合は、交易を重視した外交戦略が後の統一の偉業に繋がったと言っても過言ではない。その交易の範囲は、遠く離れた西域まで広がっていたようで、『三国史記（さんごくしき）』をはじめ、韓国の文献史料、古墳の出土遺物、そして中世のアラブ文献の記述内容によって、新羅時代にアラブ・イスラム帝国をはじめとする西域から多様な文物が伝来し、両地域の間で交易は勿論のこと、人物の往来まであったことがすでに考証されている。（高慶秀）

高慶秀は新羅が三国時代から交易を重視した外交戦略を持つ国であったと述べています。では、日本に対してはどうだったのでしょうか？

敏達天皇の572年から推古天皇の623年までの間に、新羅の使者は1～2年に一回、来日しています。その中には「新羅が遣使して進調したが、納めずに帰国させた」という新羅が一方的に来日したと思われる記録が二回あります。この記録は「新羅が交易のために来日したが、商取引は成立しなかった」と解釈できないこともありません。

○宣化天皇1年（536年）、筑紫国は遠近の国々が朝貢してくるところであり、往来の関門とするところである。そのため海外の国は、潮の流れや天候を観測して貢ぎ物を献上する。（『日本書紀』）

少なくとも6世紀以降、九州各地からと海外からの貢ぎ物は筑紫に集められていました。言うなれば、筑紫は国家公認の国際的貿易都市の機能を持った古代国家でした。九州王朝論はさておき、わたしは、畿内政権から半ば独立した筑紫政権とでも呼ぶべき古代国家だったと見ています。

時代は8世紀のことですが、『続日本紀(しょくにほんぎ)』によると、752年、新羅王子の金泰廉(きんたいれん)と新羅使節団一行700人余りが、7艘の船で筑紫（那の津）に入港し、大宰府に1～2カ月滞在した後、新羅王子は700人余りの内370人余りを率いて入京しています。

○新羅朝貢使王子泰廉入京之日、官使宣命、賜以迎馬。客徒斂轡、馬上答謝。但渤海国使、皆悉下馬、再拝舞踏。今領唐客、准拠何例者。（『続日本紀』原文）

この『続日本紀』の記述によると、渤海国の使者は馬から下り、再拝し、舞踏して謝意を表わしているのに対し、金泰廉と使節団一行は、相手からの謝意に対し、馬上から謝意を表わしています。このことは、金泰廉自身が日本に対して、朝貢意識を全く持っていなかったと考えられ、つまり、金泰廉と新羅使節団一行の来日の第一の目的が商取引であったことをうかがわせます。第二の目的は、東大寺大仏開眼法要に参列し、拝仏することと仏教交流でした。

その時の商取引の物品については、正倉院に伝わる「買新羅物解」（物品を購入するための申請文書）が教えてくれます。新羅側の物品は、白銅と記された佐波理（さはり＝銅を主体に錫を混ぜた合金の高級食器類）などの新羅の特産品に加えて、麝香や薫陸などの中国・東南アジア・インド・アラビア・アフリカ原産の物品も多く含まれています。日本側がそれらの購入代価として用意したのは、絹の真綿や絁でした。

また、『日本書紀』には天智天皇（在位668―672年）の時代、「新羅が朝貢した翌日、天皇が使者を遣わして、象牙や沈水香（東南アジア原産の香木）などの数々の珍宝を飛鳥寺に奉った」、そしてその翌月、「絹や綿や絁などを新羅王に賜った」との記述が見られることから、7世紀後半には既に新羅王子の金泰廉のときのように新羅と朝貢貿易（商取引）が行われていて、新羅を経て、シルクロードで流通していた物品が、日本に渡ってきていたであろうこと。加えて、新羅はその時代にはシルクロードの交易圏に入っていたこと。そして、日本がシルクロードの東の終着点であるのと同時に出発点になっていたことが、日本側の文献から推察できます。

新羅が交易を重視した外交戦略を持つ国であったなら、天智2年（663年）に起こった倭国・百済遺民の連合軍と唐・新羅連合軍との戦い「白村江の戦い」で勝利した新羅は、戦勝国として外交面で何らかの攻勢をかけてきたのでしょうか？

○賜新羅上臣大角干庾信船一隻、付東嚴等。庚戌、使布勢臣耳麻呂、賜新羅王輸御調船一隻。

○賜新羅王、絹五十匹・綿五百斤・韋（なめし皮）一百枚、付金東嚴等。

○賜新羅王、絹五十匹・絁五十匹・綿一千斤・韋一百枚。（前出の「絹や綿や絁などを新羅王に賜った」の原文）

これらは「白村江の戦い」敗戦後から天智天皇が崩御する672年1月7日までの間に、倭国が新羅に賜った物品についての『日本書紀』の記録です。新羅の国王に船を二隻、その二ケ月後に絹50匹（絹を匹と数えることは、前にも書きましたが、念頭に幼虫の「カイコ」が浮かんでのことと考えられます）ほかを、そしてまた、絹を50匹ほかを倭国は新羅の国王に贈っています。戦後処理の賠償とも見られますが、朝貢貿易（商取引）の量からすると、これは破格の量の貢ぎ物です。

○朝散大夫柱國郭務悰、凡二百五十四人。七月廿八日至于對馬、九月廿日至于筑紫、廿二日進表函焉。

『日本書紀』の665年の9月23日の条の唐が郭務悰（かくむそう）を倭国に派遣した時の記述ですが、9月20日に筑紫に到着し、二日後の22日に表函（国書）を奉呈（ほうてい）しています。筑紫はおそらく現在の博多湾沿岸付近。そこから二日後に表函を奉呈しているのですから、その場所は筑紫の範囲、おそらく現在の太宰府付近。であるなら、この記述は、筑紫政権が畿内政権を代理する機能を持った国家機関であったことを暗に示しています。

○以甲冑弓矢賜郭務悰等。是日賜郭務悰等物、總合絁一千六百七十三匹・布二千八百五十二端・綿六百六十六斤。

これは『日本書紀』の天武元年（672年）の5月12日の条の郭務悰等が帰国した時

の記述ですが、新羅に贈った量とは比べものにならないほどの、途方もない量の絁や絹や綿に加え、甲や冑や弓矢までも唐に贈っています。この時の贈り物は、間違いなく倭国敗戦の賠償として、唐に贈った品々でしょう。『日本書紀』の天武6年（667年）11月の条に唐が属国の統治政府を表わす時に使う「都督府」の付いた「筑紫都督府」の記載があることから、務悰等が帰国するまでの間、筑紫は唐の占領下にあったと見ています。

務悰等が帰国する二ヶ月前の3月18日、朝廷は阿曇連稲敷を筑紫に遣わして、郭務悰らに天智天皇の崩御を知らせています。その知らせを聴いた郭務悰らは、喪服を着て、東に向かって、三度声をあげて哀悼の拝礼をしています。敗戦交渉を行った場所と賠償の品々を渡した場所は、筑紫だったと考えられます。これらの記述から、「白村江の戦い」直後、政治的にも経済的にも、大和政権公認の国際都市「筑紫」の姿が浮かび上がってきます。

新羅が交易を重視した外交戦略を持つ国であったなら、九州各地から朝貢として絹が集まる国際都市「筑紫」は狙い目の都市だったことでしょう。使節団が筑紫に来航しては、親新羅の役人を作り、人を送り込み、商取引しやすい環境作りをはかったことでしょう。前述の金泰廉と新羅使節団一行７００人余りの内、入京者は約３７０人。残りの約３３０人は、おそらく筑紫に留まったのでしょう。この時の人数の多さは特別だったにせよ、6世紀後半から7世紀前半の新羅が筑紫に送った使節団の人数は、一度の派遣につき、１００名を超えていたことでしょう。

思うに、水城の土塁あたりを中心に、その周辺一帯は、新羅人を中心に、外国人が行き交う地域だったに違いありません。例えば、唐に「新羅坊（しらぎぼう）」と呼ばれる新羅人の居住区が形成されたように、筑紫の玄関口であった大野城市や春日市の周辺に、徐々に新羅人の居住地「コリアンタウン」が形成されたというストーリーも描けないことはありません。もしそうだった場合、筑紫の人々が新羅人に対して、歴史的に親近感を持っていたであろうことも、「コリアンタウン」誕生によい影響を及ぼしたに違いありません。そして、もしそうだった場合、親新羅の地域の権力者も新羅のモノを「祭」「葬」に用いることを快く思ったに違いありません。

「歴史的に」という意味では、縄文時代晩期から弥生時代中期に、北部九州に見られる支石墓（ドルメン）や弥生時代前期から中期に、同じく北部九州で見られる金海式甕棺墓など、朝鮮半島と共通した墓制が北部九州でも営まれていて、そうした墓制は稲作文化という一つの文化体系の中の新しい埋葬の仕方として、朝鮮半島から人と共に、北部九州に渡来してきたものと考えられますが、律令国家形成期以前の十数世紀の間、北部九州という地域は、海外からやってくる人々や文化に対して、とても許容的だったようです。

新羅人の、いわば黄金趣味文化が、海洋豪族の宗像（胸形）氏にも及んでいたことは、想像に難くありません。むしろ、宗像氏側が黄金趣味文化を積極的に好み、「コリアンタウン」の新羅商人と親交を持ったことも、考えらないこともありません。例えば、中世の時代、宗像大社の大宮司家（だいぐうじけ）が博多の宋人の王氏・張氏と二代にわたって婚姻関係を結び、宋商人と積極的に親交を持ったように。

また逆に、新羅の外交戦略という観点から言えば、新羅は地域の権力者と婚姻関係を結ぶという戦略も行ったかもしれません。

●コラム⑥　中世の宗像大宮司

養老7年（723年）、朝廷は日本列島に筑前国宗形郡（現在の福岡県宗像市と西隣の福津市におよぶ地域）など八カ所に「八神郡（かみのこおり）」と称される神社の領地を置きます。宗像君の一族と考えられる宗像神を祀ってきた神主が、神郡を領有する郡司（こおりのつかさ）の最高地位の「大領」職を、制度が廃止される延暦19年（800年）までのおよそ百年の間、兼任します。

宗像大宮司家の歴史は、979年、朝廷によって、宗形氏能が宗像大社の大宮司に任ぜられたことにより始まります。中世の宗像大宮司は国際性が優れていて、日宋交易や朝鮮との通交を推進した「国際人」でした。宗像大宮司の氏国の妻は宋商人の王氏の娘で、氏国の弟の氏忠の妻は宋商人の張氏の娘でした。室町時代には朝鮮と通交したことが『李朝世宗実録』と『海東諸国記』に記されています。両書を合わせると、宗像氏関係の記述が46回にも及び、代々4人の大宮司が朝鮮と通交したことがわかっています。1454年に大宮司氏正が朝鮮国王に通交を求めた外交文書の控えが、宗像大社に残されています。

宗像大宮司家は、国際人そして宗像大社の大宮司であるとともに、宗像地方の武士団の長としても活躍し、蒙古襲来では御家人の軍役として参戦し、室町時代には、北九州まで進出してきた大内氏の家臣となって、数々の合戦にも参戦しました。

　この時代、戦乱のために宗像大社辺津宮（へつみや）の社殿はたびたび失われます。最後に焼失したのは１５５７年。大宮司氏貞（うじさだ）によって再建された社殿は、現在の本殿で、重要文化財に指定されています。氏貞は跡継ぎがないままこの世を去り、大宮司家は途絶えてしまいます。

カットグラス碗が辿ったルートと金製指輪

沖ノ島の岩陰祭祀遺跡からカットグラス碗の破片が出土しています。円形浮文（えんけいふもん）が凸型に浮き出たデザインが特徴的な碗は、現在のイラン・ギラーン州から出土する5世紀、6世紀頃のササン朝ペルシャのカットグラス碗とされています。

　このササン朝ペルシャのカットグラス碗と同型のガラス碗が１９８３年に中国の寧夏自治区固原県（ねいかじちくこげんけん）の北周時代の李賢（りけん）の墓から出土し、１９８０年代に中国国内で相次いでササン朝ペルシャのガラスが発見されています。李賢は５６９年に亡くなり、翌年埋葬されています。李賢墓はシルクロードのルート上にあります。

沖ノ島のカットグラス碗はペルシャからどういうルートでやって来たのでしょうか？

シルクロードの交易で先ず思い出すのが、シルクロードの天山南北路の西端、パミール高原の西側のソグディアナ地方のオアシス国家を拠点にして、シルクロードの交易にあたっていたイラン系民族のソグド人の商人のことです。中国では「康居（こうきょ）」の名で呼ばれていて、中国とシルクロードに彼ら商人の居住地が出来ていました。ソグド商人が運んだ物品は、中国から西へは、主として絹、西方から中国へは、イランの金銀器や銀貨やガラス製品そしてローマの金貨などでした。

中国の地誌『諸蕃志（しょばんし）』に「瑠璃（るり）は西方の国に産出し、南

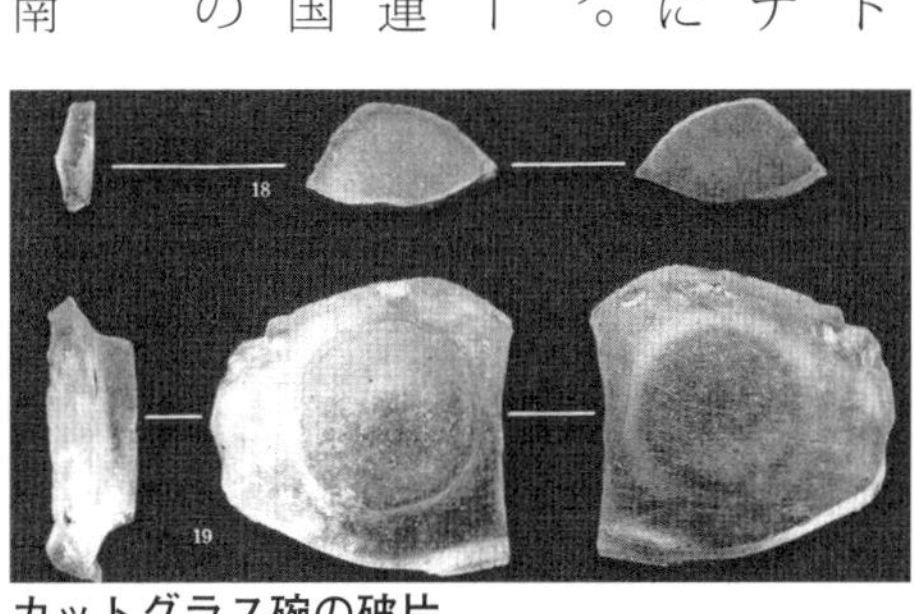

カットグラス碗の破片

鵬砂を混ぜるので光沢はあまりないが、寒さや暑さにはとても強く、頑丈。故に中国のものより珍重される」と記されています。

これはいわば民間ルートですが、もう一つ、国家間ルートも考えられます。

5世紀に中国の東魏の楊衒之が撰した『洛陽伽藍記』に「王侯貴族がガラス製品を手に入れるために西方に使いを出している」という記述が見られ、また『隋書』に「ペルシャ人の使者が貢ぎ物を献ずる」の記述が見られ、両国の使者が行き来し、西方のガラス製品などが中国の王宮にもたらされていたことがうかがえます。

中国から沖ノ島へはどこからどういうルートでやって来たのでしょうか？

現在、朝鮮半島で確認されている西アジア製ガラス製品は全て新羅領内から出土していて、新羅の「ガラス好き」は朝鮮半島の中で突出しています。沖ノ島の岩陰祭祀遺跡の祭場から、新羅系金銅製馬具が出土していたり、古代北部九州と新羅との親密と見られる関係から、新羅から沖ノ島へのルートが、まず考えられます。

高慶秀は論文で「新羅は三国時代の新羅の時代に、既に新羅がシルクロードの交易圏に入っていた」と述べています。沖ノ島のカットグラス碗は6世紀後半と推定されています。時代をさかのぼって、6世紀後半以降の『日本書紀』の記述で、シルクロード交易圏の物品や動物が、シルクロードを通って日本にもたらされたと思われる記述を列記します。

○推古天皇3年（595年）、沈香（じんこう）（東南アジア原産の香木）が淡路島に漂着した。
○推古天皇6年（598年）、新羅が孔雀一羽を献上した。
○推古天皇7年（599年）、百済がラクダ一頭、ロバ一頭、羊二頭、白いキジ一羽を献上した。
○孝徳天皇・大化3年（647年）、新羅が孔雀一羽とオウム一羽を献上した。
○斉明天皇3年（657年）、百済からラクダ一頭とロバ一頭を日本に持ち帰った。

6世紀末、新羅と百済は、かろうじてシルクロードの交易圏に入っていたであろうと考えられ、沖ノ島のカットグラス碗の輸入ルートとして、新羅に加え、百済からもたらされた可能性も想定されます。

これら『日本書紀』の記述から、筑紫に集まった貢ぎ物、あるいは沖ノ島の祭祀のために筑紫、あるいは大和政権に供与されたカットグラス碗が、筑紫、あるいは大和政権から沖ノ島の宗像（胸形）氏に渡り、沖ノ島の祭祀に用いられた可能性が考えられます。

ほかのルートはあるのでしょうか？

古代、新羅と北部九州の間では、志賀島（しかのしま）を本貫の地とする海人族の安曇氏（あずみうじ）（『日本書紀』に「応神天皇は安曇連の先祖の大浜宿禰（おおはまのすくね）に海の民の統率権を与えた」との記述が見られる）などの北部九州と朝鮮半島の海人族や商人が、独自の交易を行い、新羅の様々な物品が北部九州にも輸入されていたことが考えられます。

新羅商人から宗像氏への直接のルートが考えられる一方で、前述の北部九州の「コリアンタウン」のような新羅人居住区に住む商人から宗像氏に渡ったというルートも、可能性としてはあり得るでしょう。

もう一つ。新羅が新羅の外交戦略として、海洋豪族の宗像氏に接近し、直接的、あるいは間接的にカットグラス碗などの宝品を宗像氏に供与したというルートも、可能性としてはあり得るでしょう。

西アジア製ガラス碗は、伝世品としては正倉院宝物の白瑠璃碗（はくるりのわん）がよく知られていますが、遺跡などから出土した西アジア製ガラス碗もあります。奈良県橿原市の新沢千塚古墳群（にいざわせんづか）の新沢千塚126号墳（5世紀後半）からも出土しています。西アジア製ガラス器片は上賀茂神社本殿北方や国家的祭祀が行われた記録のある石川県羽咋市の寺家遺跡（じけい）などから出土しています。安閑天皇陵（あんかん）や仁徳天皇陵で西アジア製ガラス碗が発見されたという記録が残されています。

古代の人にとって、透けて、光を透し、輝くガラス碗は祭祀品として、特別なものであったことでしょう。沖ノ島のカットガラス碗は神さまに神酒を捧げるのに用いたに違いありません。

岩陰祭祀7号遺跡から金製指輪が出土しています。

指輪正面が菱形状の金製指輪は、韓国慶州にある三国時代の新羅の王陵から複数出土しています。中でも新羅の王族の墓である瓢箪形の双墳「皇南大塚（こうなんおおつか）」の南墳と慶州路西里古墳群の慶州路西洞215号墳から出土した金製指輪は、正面を菱形に整えた指輪の中央に花形装飾が施されています。後者はさらに、指輪の上下の縁に蛇腹状の細工が施されていて、沖ノ島の金製指輪により近い造形をしています。

金製指輪は西アジア製ガラス碗が出土した新沢千塚126号墳からも複数出土しています。ここからは正面を菱形に整えた指輪の中央に花形装飾が施されてなおかつ、花形装飾を縁取るように金粒を連ねて施されています。デザイン的には新羅の王墓出土品や沖ノ島出土品と同じ美意識のもとに製造されたものと言えるものです。

沖ノ島の金製指輪についても、新沢千塚126号墳の金製指輪についても、沖ノ島の馬具の装着品と同様に、渡来人工人等による国産品と朝鮮半島からの舶載品の両方があった可能性が想定されますが、金製であるのと、新羅的美意識が貫かれた比類のない最高級品であることから、朝鮮半島からの舶載品であった可能性が極めて高いでしょう。朝鮮半島からの舶載品であった場合は、そのルートは、カットグラス碗で想定した朝鮮半島から日本へのルートと同じルートに加えて、もう一つ、大和、あるいは筑紫に向かう新羅の使者が祭りに関わった可能性が考えられます。が、その場合、司祭者としての関わりは考えにくく、祭りの招待者として参列し、指輪を供与した可能性が考えられます。


金製指輪は巫女が身につけたのでしょうか？

ご神木に飾り付けたのでしょうか？

神への奉献品として祭壇に供えたのでしょうか？

おそらく勾玉の代わりに金製指輪を玉の緒に通して作った「金製指輪付き連珠の玉」をご神木に飾り付けたのではないでしょうか。

第5章

半岩陰・半露天祭祀と露天祭祀：律令祭祀のはじまりの時代

半岩陰・半露天祭祀遺跡

岩陰から露天へ、祭祀品増大へ

◎半岩陰・半露天祭祀（7世紀後半〜8世紀前半）

沖ノ島の祭祀遺跡第三段階の半岩陰・半露天祭祀は、巨岩から離れる祭祀形態へと移っていきます。岩陰祭祀から次の露天祭祀へと至る過渡期の祭祀形態として位置付けられています。半岩陰・半露天祭祀の第三段階では、金属製雛形品（ミニチュア祭祀品）や土器が増え、祭祀品の主体を占めるようになります。この段階に急増した金属製雛形品の中でも、武器、工具、紡織機、琴、人形（ひとがた）などは、『延喜式（えんぎしき）』（伊勢太神宮の項）や『皇太神宮儀式帳（こうたいじんぐうぎしきちょう）』に記された伊勢神宮の祭祀品や神宝の種類に通じ、現在の伊勢神宮内宮（ないくう）の神宝と内容が一致しています。この祭祀段階は、律令国家によって体系化された祭祀制度である神祇祭祀（じんぎさいし）の先駆的形態と評価されています。

唐三彩（とうさんさい）や金銅製龍頭など中国からの舶載品と見られる祭祀品が見つかっていて、

その輸入ルートとともに、当時の中国や朝鮮半島との文化交流の在り方について注目されています。

◎露天祭祀（8世紀〜10世紀初頭）

沖ノ島の祭祀遺跡第四段階の露天祭祀では、巨岩と祭場が分離し、平地に方形状の祭壇施設を設けて、広範囲で祭りを行う形態になります。祭祀品の数は第一、第二、第三段階の祭祀遺跡を圧倒していて、何度も繰り返し祭りが行われたと見られています。

祭祀品は、数多くの金属製雛形品と土器に加えて、数多くのミニチュア祭祀品の滑石製形代（人形、馬形、舟形など）と、それに目新しい物として、皇朝十二銭のひとつ富寿神宝や奈良三彩小壺などが出土しています。前段階のように中国製の祭祀品が見られなくなったのは、祭りの目

滑石製形代

奈良三彩小壺

的の中に、新羅の海賊対策があって、直接的、間接的に影響したからかと見ています。

祭りはどのように変わったのでしょうか？

出土品の変化と祭場の変化は、律令制の始まりとともに、形式化・規定化が進んだことを表わしています。宗像社をはじめ、律令制が布(し)かれてからの名のある神社・神宮の祭祀は、国家に管理された国防と国家安泰を重要視した祭りで、皇朝銭や奈良三彩小壺の出土は、国家権力が介在していたことを垣間見せています。皇朝銭の富寿神宝(ふじゅしんぽう)が発見されたことにより、沖ノ島の祭祀遺跡における祭りが、少なくとも9世紀初めまで執り行われていたことが確実になりました。

前段階の天の石屋戸前で行われた祭りのような神話的形態とは、大きく異なった祭りの形が想像されます。例えば、伊勢神宮の神嘗祭(かんなめさい)の古儀における神嘗祭は、第三重御門の東西に一列8本ずつ、それを八重にして、64本、つまり、東西合わせて128本もの太玉串(ふとたまぐし)が立ち並んだ中で行われています。また例えば、上賀茂神社の「御(み)

阿礼神事」の古儀では、御阿礼所という祭場は四間四方の囲いを設け、松、杉、檜などの常緑樹（太玉串）で青柴垣を作り、中央に根こじにしたご神木（榊）を立て、これに御幣を結びつけて阿礼木としています。

これらの古儀から推し量って、規模の大小はともかく、沖ノ島の祭りも同様に、祭場は常緑樹で囲いを作り、囲いの中央にご神木（太御幣）を立てて行われたことでしょう。前段階よりさらに増加したミニチュア祭祀品は、ご神木と太玉串に飾り付けられたことでしょう。

祭壇には『延喜式祝詞』に記されているように、「醸造した酒を高さのある甕にたっぷりと入れて並べ、玄米と荒米をお供えし、加えて山の生きものは、鳥や獣など種々の毛のある動物、畑に育つものは、種々の野菜、海に育つものは、大小様々な魚や種々の藻菜にいたるまで取りそろえ、どっさりと横山のように積み置かれた」ことでしょう。そして、祭壇の前の祭場で、奉幣の儀、神楽、直会の順で、祭りが行われたことでしょう。しかしながら、律令祭祀の形式を取り入れつつも、前段階の神話的祭りの精神も保持していたと考えられます。

ご神木に飾るミニチュア祭祀品は、岩上祭祀と岩陰祭祀の時代までは、神さまを招き迎えるための「招代」、あるいは「降神祭具」と呼ぶべき性格のものだったのが、半岩陰・半露天祭祀の時代は、神さまへ奉る「奉献品」と呼ぶのが相応しい性格のものへと、司祭者の意識が芽生え始めた時代だと見ています。

●コラム⑦

富寿神宝

富寿神宝は、嵯峨天皇の弘仁9年（818年）に、日本で鋳造、発行された銭貨で、皇朝十二銭の一つ。富寿神宝は、皇朝十二銭の5番目の銅銭で、818年から834年の16年間に、およそ一億一千万枚発行され、直径2.2センチの小形と2.5センチの大形のものがあります。沖ノ島のは小形の方です。

福岡県朝倉市の大迫遺跡、岡山県笠岡市の大飛島遺跡、滋賀県栗東市の手原遺跡、山梨県都留市の三ノ側遺跡、神奈川県平塚市の高林寺遺跡など15遺跡のある国府域、千葉県佐倉市の江原台遺跡、千葉県印旛郡印旛村の平賀細町遺跡など、国家機関と関係があると見られる祭祀遺跡や住居や寺や墓の跡地から出土していて、北は北海道千歳市の擦文文化期のウサクマイN遺跡の竪穴の堀上げ土付近からも出土しています。

手原遺跡では、豪族の屋敷か役所だったと見られる大型の建物跡1棟の南側にあった穴から、土師器の甕5点が十字に並んだ状態で見つかり、甕の中には富寿神宝が収められていました。甕の十字の並びは、東西南北の方角と合っていて、地鎮の目的で埋められたと見られています。そこからは「海彦と山彦」の潮満珠と潮乾玉（しおふるたま）と同じように、あるいは、ご神木に飾り付けた鏡と同じように、美しく輝く円形の銅銭を呪具として見ていた平安時代の人々の姿が見えてきます。

金銅製龍頭考（その一）　高句麗王宮からの盗品説

半岩陰・半露天祭祀段階に出土した金銅製龍頭は、どういうルートでやって来たのでしょうか？

金銅製龍頭は対になっていて、胴部を竿の先に付けて、唇の孔から天蓋や幡をつりさげて用いたと考えられます。『宗像大社国宝展』の図録では、「中国甘粛省敦煌莫高窟の随代、唐代の壁画には、竿先に本品（金銅製龍頭）と同様の龍頭がつけられ、口元から幡や天蓋を吊り下げる様子が描かれており、用途を知ることができ

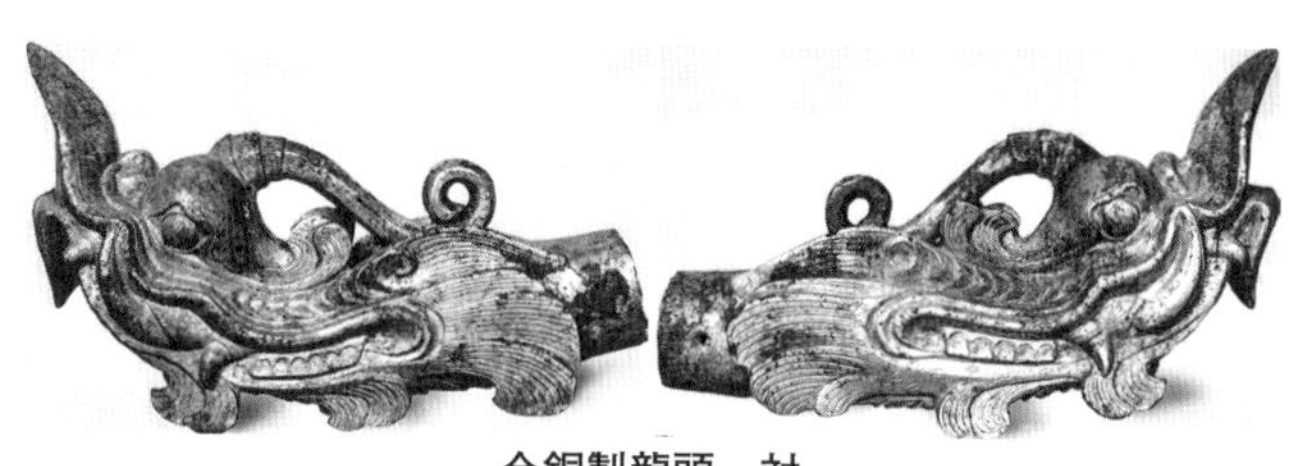

金銅製龍頭一対

る」と解説されています。唐の『大唐六典』には「旂首金龍頭・御綿結綬」、つまり「金製竜頭の首に真綿（絹）製の織物を付ける」の記述が見られます。

○神功皇后の三韓征伐に際し、宗大臣（宗像神）が「御手長」という旗竿に武内宿禰が織った紅白二本の旗をつけ、これを上げ下げして敵を翻弄し、最後に息御嶋（沖ノ島）に立てた。（『宗像大菩薩御縁起』）

○天皇は大将軍大伴連狭手彦を派遣して、兵数万を率いて高句麗を討たせた。狭手彦は百済の策略を用いて、高句麗を打ち破った。高句麗王は垣根を越えて逃亡。狭手彦は王宮に押し入り、戦利品として多数珍宝を持ち帰った。七織帳（七色の糸で織った布）は天皇に献上し、甲二つ、金飾刀二つ、銅鏤鍾（彫刻を施した青銅製の鐘）三つ、五色幡二竿に美女媛（おみなひめ）と侍女の吾田子（あたこ）をつけて、蘇我稲目（そがのいなめ）に送った。（『日本書紀・欽明天皇』）

沖ノ島の祭祀遺跡の現地調査をされたことのある真弓常忠は、この二つの記録に着目し、自著『神道の世界』で、次のように推理しています。

「竜頭は竿頭につけて旗や幟を吊すのに用いるもの。『日本書紀』の欽明天皇23年（562年）8月の条に、高句麗の王宮から得たものの中に、「五色の幡二竿」の記事があり、《中略》四世紀後半と見られる岩上遺跡の巨岩上で、二流の幡を立てて、神の依り代としたことは十分に考えられ、六世紀代に及んで、この幡を吊すに中国より高句麗を経てもたらされた竜頭を用いて、竿頭を飾ったと見ることはあながち無理な想像ではない」と。

氏は「神功（じんぐう）皇后の時代から神の依り代として用い始めた二本の幡は、後に金銅製竜頭を付けて竿に吊すようになった。その金銅製竜頭は、6世紀に大伴連狭手彦が高句麗から持ち帰った珍宝のひとつで、蘇我稲目に献上した五色の幡二竿だったのかも知れない」と。

この龍頭付幡竿（りゅうとうつきはたざお）（こう名付けておきます）が神の依り代として用いられたことは、

ほぼ明らかですが、出土状況で一つ興味が持たれるのが、金銅製龍頭の近距離から三叉鉾(みつまたぼこ)が出土していることです。三本の鉾が三つ叉になった三叉鉾は、三女神を連想させもします。鉾も神の依り代です。実際の祭りにおいて、これら二つの依り代が、出土した位置(祭場の境界と思われる位置)に設置されていたのかは、知る術はありませんが、埋納する場所として、その位置が選ばれたとしても、ある種、結界を表わす印として、興味が持たれる出土品とその出土位置なのです。

もう一つ、その出土位置と「幡(竿)と三叉鉾」の関係で思い出すのが、神社の神門や拝殿などに設置された幡や三叉鉾のことです。個人的に身近な神社で言えば、博多祇園山笠で有名な福岡市の櫛田神社の入口の楼門(ろうもん)、つまり神社の神域の内と外とを分ける境(結界)に「幡と三叉鉾」が設置されています。沖ノ島の「幡(竿)と三叉鉾」と櫛田神社の「幡と三叉鉾」、これは偶然の一致なのか、興味あるところです。

蘇我稲目のものになった龍頭付幡竿の龍頭が沖ノ島の龍頭と同じ龍頭である可能

性はあるのでしょうか？

一般的には、崇仏派の蘇我稲目から宗像氏へのルートはあり得ないと考えられます。考えられるのは、天皇から宗像氏へのルートか、あるいは蘇我氏と敵対関係にあった物部氏から宗像氏へのルートでしょうか。北部九州の物部氏本家と大和の物部氏の両物部氏族と宗像氏との緊密な関係については、谷川建一が自著『白鳥伝説』で解き明かされていて、古代史ファンにはよく知られたことですから、龍頭付幡竿が物部氏に渡っていれば、国家的祭祀に用いる宝品として、物部氏から宗像氏に渡り、沖ノ島で国家的祭祀の祭祀品として用いられたというのもあり得る話です。

かと言って、蘇我稲目から宗像氏へのルートも考えられないこともありません。蘇我稲目は天皇の間近にいて、祝者（はふり）（古代の神職）から天皇が神の神託を授かる場に居合わせる場面があり、天神地祇の神々への信仰は国家の信仰として尊崇していたと考えられます。

ただ、龍頭付幡竿が誰のものであっても、「国の安泰のため、今後、沖ノ島の祭りには、黄金の龍頭付幡竿を用いよ」との神託が天皇に下れば、その神託は実行されたことでしょう。偶然でしょうが、系譜上は、蘇我稲目は紅白2本の旗を織って、沖ノ島に立てたという武内宿禰の子孫ということになっています。

金銅製龍頭考（その二）　新羅経由説

２０１６年2月13日に九州国立博物館で開かれた『「神宿る島」宗像・沖ノ島と関連遺産群世界遺産推薦記念講演会』で、大正大学教授の榎本淳一が日本と新羅との間の外交使節の派遣回数の多さに触れられ、次のように話されていました。

「7世紀後半に朝鮮半島を統一した新羅とは、7〜9世紀を通じて交流が存在したが、この期間に日本が新羅に派遣した遣新羅使は40回近くとなり、新羅から日本に送られた新羅使は70回以上にのぼる」と。

実際、『日本書紀』の記述を見ると、7世紀半ば以降、特に天武天皇の時代（在位673―686年）になってから、「新羅の客・金押実（こんおうじつ）らを筑紫でもてなした」、「新羅の使人項那らを筑紫でもてなして、禄物（ろくもつ）を贈った」、「新羅の客らをもてなすため、川原寺の伎楽グループを筑紫に運んだ」など、新羅（676年から統一新羅）からの使者や客が、平均して年に2回も来日、しかも訪れた場所の大半が筑紫と明記されています。

榎本淳一の指摘は重要で、沖ノ島の金銅製龍頭をはじめ、唐代の中国の文物は全て遣唐使が持ち帰ったかのような言われ方をするのが常ですが、実際のところは、統一新羅、そしてその前の時代は、新羅・百済・高句麗の三国経由で輸入されたケースが多かったのだろうと、考えられるのです。

○日本に残された唐代文物の豊富さである。東大寺の宝庫だった正倉院には、銘文から唐での作と確かめられる品や、銘文はなくても明らかに唐その他の外国製品と推定できる品が、少なからず蔵されているし、隋唐の写本もある。（岩波新書『遣唐使』）

『遣唐使』の著者・東野治之は、「唐での作」だから、「外国製品は唐の交易の広がりにより唐に輸入された物品」だから、遣唐使が持ち帰ったと判断しているようです。著者は「正倉院の文物に限っても、輸入品とはわかるものの、直接遣唐使に結びつくものは稀」とも記していて、「正倉院の文物の場合、遣唐使が持ち帰ったという確証があるのは皆無に近い」ようです。

榎本淳一はまた、次のように話されていました。

「遣隋使の派遣回数は4回、遣唐使の派遣回数は15回と考えられる。唐は関市令（げんしりょう）で、厳しい輸出規制をしていて、遣唐使は原則として自由行動禁止。民間交流も禁止。天武・持統天皇の時代においては、日本は唐と断交し、新羅と親密な関係があった」と。

天武天皇の時代に新羅は二度、金や銀などを献上しています。律令国家形成期以降、筑紫・大宰府には主神（かんつかさ）が置かれ、九州の神社行政に当たっていました。沖ノ島も大宰府政庁の管轄下にあったことでしょう。

沖ノ島の半岩陰・半露天祭祀遺跡出土の金銅製龍頭は、新羅使の朝貢品、あるいは遣新羅使が持ち帰った贈り物であった確立が高く、大宰府、あるいは平安時代に現在の福岡城敷地内に置かれた外交施設の鴻臚館（こうろかん）（飛鳥・奈良時代には筑紫館（つくしのむろつみ）と呼ばれた）に贈られた宝品の金銅製龍頭が、宗像氏に渡り、沖ノ島の祭りの祭祀品として用いられたというストーリーが浮かび上がってきます。

このような当時の様々な状況を総合的に判断すれば、沖ノ島の金銅製龍頭は「新羅経由」の確立が高いという結論に至ろうかと思います。

ところで、金銅製龍頭が製造された可能性があるのは、中国だけでしょうか？新羅統一時代に慶州の雁鴨池で金銅製龍頭が二点出土しています。技術的には朝鮮半島でも、そして、可能性は低いものの、日本でも製造する技術はあったことでしょう。

半岩陰・半露天祭祀の5号遺跡から唐三彩が出土しています。唐三彩は、7世紀後半から8世紀中葉に唐で制作された白地に緑、褐（茶色）、藍色などの釉（うわぐすり）で文様を表わした陶器で、沖ノ島のものは、中国山西省出土のものによく似ていると言われています。唐三彩の出土例は世界的にも珍しく、中国国外での出土は、沖ノ島が初と言われています。

金銅製龍頭と同じく、唐三彩も「新羅経由」の確立が高いのではないでしょうか。沖ノ島の祭祀遺跡第四段階の露天祭祀に相当する時代になると、張保皐(ちょうほこう)という新羅の大商人が登場します。円仁の『入唐求法巡礼行記(にっとうぐほうじゅんれいこうき)』には、「張宝高(張保皐のこと)は天長元年(824年)に大宰府を訪れ、大宰府に八年間住んでいた新羅人僧の季信恵を唐に連れて帰り、日本語の通訳の仕事を担当させた」の記述があり、張保皐が活躍した時代、大宰府は新羅人の居住を受け入れる土地柄であったと見られます。

●コラム⑧ 新羅大商人「張保皐」

張保皐(ちょうほこう)(韓国語名:チャン・ボゴ)(790年頃〜846年?)は、清海鎮大使(せいかいちんたいし)から感義軍使を経て、鎮海将軍になった新羅南部出身者で、統一新羅時代に新羅、唐、日本にまたがる海上勢力を築いた人物。張保皐は新羅南部の海上勢力を傘下に収め、唐・日本と交易活動を行い、中国沿海諸港に居住するイスラム商人とも交易を行いました。鴻臚館跡地(福岡市中央区)から発掘されたイスラム陶磁器も、張保皐が扱っていた商品の一つとされています。

張保皐の勢力は、東アジア一帯の海上全体にまで活動範囲を広げるに至り、「環中国海貿易圏」を設立しました。この「環中国海貿易圏」を通じて、商人のほか、官吏や僧侶や学者なども朝鮮半島・中国・日本を往来しながら、国境を超えた交流を行いました。円仁、円載、恵運、恵萼、円珍などは、張保皐が築き上げた海路を通じて、唐と日本を往来しました。

円仁の入唐に際して張保皐は、不法在留を決意した円仁のために、役人と交渉して旅行許可証の下付を取り付けたり、円仁の9年6ヶ月の求法の旅を物心両面にわたって支援しました。また、円仁の日本帰国の際には、張保皐の配下の将張詠が円仁の帰国実現の手助けをしています。日本の文献には張保皐は張宝高の名で登場します。『続日本後紀』に張宝高死去の記録が残されていて、それが正しければ841年11月死去となります。

人形が描かれた須恵器器台と金属製人形

半岩陰・半露天祭祀の5号遺跡からヘラで顔と手足のみを表現した人形が描かれた須恵器器台が出土しています。

この人形は一体何の意味があるのでしょうか？

器台は土師器壺が載った状態で出土したそうです。

その壺は専門家の調査によると、「玄界灘式製塩土器」と呼ばれる煎熬（せんごう）という海水を煮詰めて、塩を取り出すために使われるものと見られています。

壺には製塩した塩が入っていたのでしょう。

塩は神さまへの供えもの。つまり神饌（しんせん）。

人形は神さまでしょう。

器台は、祭りをして、招き迎えた神さまが留まる家。つまり神さまの家でしょう。

実際に神さまが描かれた須恵器器台、見る者が見れば、考古学的にも、民俗学的にも、貴重な出土品です。

人形が描かれた須恵器器台とその上に載った土師器壺

酒や海藻や魚などの神饌を盛った須恵器の高杯も器台の部分は神さまの家でしょう。神社で神饌を盛る「三方（さんぼう）」の「はじまりの形」が、沖ノ島の土師器の壺と土師器の器台のセットや須恵器の高杯（たかつき）なのではないでしょうか。

神饌の「塩」について、沖ノ島と伊勢神宮の関連で言えば、延暦23年（804年）の伊勢神宮の行事・儀式など23か条を記した文書の『皇太神宮儀式帳（こうたいじんぐうぎしきちょう）』の「正殿心柱造奉条」の神饌関係の物品リストの中に、「塩二升」と記されていて、沖ノ島と同じく「塩」が供えられていることがわかります。

また「正殿心柱造奉条」の別の物品リストの中に、「鉄人形四十口」と記されていて、沖ノ島と同じく、金属製ミニチュア祭祀品の「金銅・鉄製人形」が供えられていることがわかります。沖ノ島の金属製人形は、半岩陰・半露天祭祀段階の5号遺跡から出土していますが、それに先立つ岩陰祭祀段階の22号遺跡からも一点出土しています。

金属製人形は、藤原京、飛鳥池、平城京、平城宮など、国家祭祀に関連した遺跡で出土していて、人形は罪や穢（けが）れを祓う祭具として、用いられていたと考えられています。このお祓いの人形は、民俗行事の流し雛へと変化していきます。

沖ノ島の金属製人形は、それらの「はじまりの形」と見られますが、ご神木に飾り付けられた沖ノ島の人形は、前にも推理したように、光輝く金属製素材で作られているので、神さまを人の形で表わしたものでしょう。伊勢神宮の「鉄人形四十口」も、沖ノ島の金属製人形と同様の宗教観のもとに、遷宮の儀式の中で用いられたものと見ています。

沖ノ島では「須恵器有孔土器（ゆうこうどき）」と呼ばれる穴のあいた須恵器の土器が出土しています。有孔土器は福岡県福津市内殿の内殿天田（うちどのあまだ）古墳と宗像市大島の御嶽山（みたけさん）遺跡に類例があるのみで、宗像地域に特有のものです。

この穴のあいた土器は何に使ったのでしょうか？

「これももしや神さまの家では」ないでしょうか。

おそらく、宗像地域のオリジナルに考案された土器を載せる台で、この器台の上に神饌を供える土器を載せたのではないでしょうか。

住吉三神と筒の意味と三神一組の起源

『記紀』に「筒」の字が入った神さまが登場します。

『古事記』では底筒之男命、中筒之男命、上筒之男命。

『日本書紀』では底筒男命、中筒男命、表筒男命。

ツツノオの命の神名については、

①「筒」は金星を意味する「ゆうづつ」の「つつ」で、星の意。（吉田東伍説）

②底・中・表の助詞の「の」にあたる「ツ」＋津の男の命。（山田孝雄説）

③対馬の「豆酘（つつ）」の長の奉じた神。（田中卓説）

④船の帆柱の底部にある船霊を納める「筒」。（岡本米夫説）

⑤津々浦々の津々の男の神。（真弓常忠説）

⑥「筒」とは「星」で、底中上の三筒男は、オリオン座の中央にあるカラスキ星で航海の目標としたところから、航海をつかさどる神とも考えられる。（岩波書店『古事記』）

などの説があります。

『古事記』（河出書房新社）には、原文には書かれていない「（住吉三神は）星により航路を定めた当時の海路を守る神である」の一文が書き加えられています。これは「筒」が「星」の意であるとの解釈と古くから住吉三神が航海神とされていることから、訳者が創作したものと見られます。

①と⑥の「筒」が「星」の意とのロマンのある着想力には敬意を払いますが、わたしはこれには首をかしげます。わたしの推理はこうです。

古代の人は常緑の木や剣や鏡や玉などと同じように、筒形銅器、特殊器台・特殊壺、円筒埴輪等の円筒にも神霊が宿ると信じたと見ています。

つまり「筒」が「神霊が宿る祭具」であることから、「筒」⇒「神霊」⇒「神さま」の意へと変化し、住吉三神の底筒之男命は、川の底深く沈んでみそぎをした時に生まれた「川底の男の神さま」。中筒之男命は、川の水中でみそぎをした時に生まれた「川の水中の男の

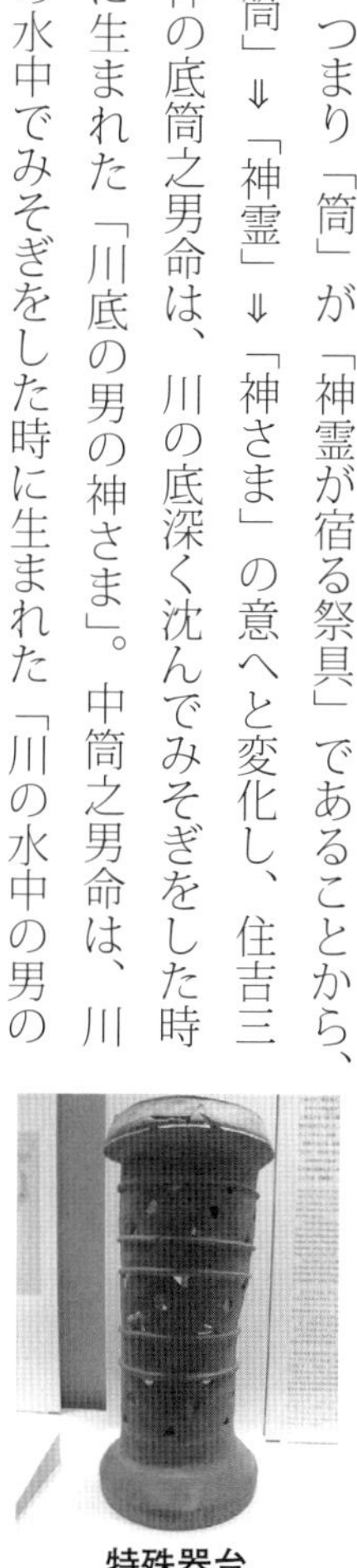

特殊器台
（東京国立博物館所蔵）

神さま」。上筒之男命は、川の水面に出てみそぎをした時に生まれた「川の水面の男の神さま」と、その漢字表記と誕生した状況から見ることができます。

これら三柱の神さまの名前からイメージされるのは、住吉（清らかな入江）の男の水の神さまです。誕生したのが川と海が交わる入江ですから、川の神さまでもあり、海の神さまでもあると見ることができます。

『記紀』に「筒」の漢字が当てられた神さまがもう二柱登場します。

一柱は、『古事記』では石筒之男神（いわつつのおのかみ）、『日本書紀』では磐筒男神（いわつつのおのかみ）です。

『古事記』の神産みの段でイザナギが妻のイザナミに先立たれた痛恨のあまりに、十拳剣（とつかのつるぎ）で、不幸の原因となった火神カグツチの首を斬ったとき、その剣の先から石また石の上にほとばしり流れ出た血から誕生した神さまです。

○神名の「ツツ」は「カグツチ」「ノヅチ」などの「ツチ」と同じ「～の神霊」の意で、「イワツツノオ」は「岩の男神」の意となる。（ウィキペディア）

ウイキペディアは「筒」をこのように解説していて、わたしの説とは論理が異なりますが、最終的に「神」の意の解釈で、わたしの説と一致します。

もう一柱は、『古事記』では塩椎神、『日本書紀』では塩筒老翁・塩土老翁（しおつちのおじ）です。

『日本書紀』では「筒」と「土」が併用されていることから、同義あるいはその類語で用いられたと見られ、その意味は「筒」も「土」も⇓「神霊」⇓「神さま」と考えられます。そして、古代の人は、ツボやカメなどの土器の素材の「土」そのものに「神さま」を見ていたのではないかと考えられるのです。

住吉三神と交互に誕生したのが、底津綿津見神、中津綿津見神、上津綿津見神の綿津見三神です。そのあとにイザナギの命が左の目を洗ったときに誕生したのが、アマテラス大御神で、右の目を洗ったときに誕生したのが、月読命で、鼻を洗ったときに誕生したのが、スサノヲの命の計三神です。また、アマテラス大御神とスサノヲの命のうけいの勝負で誕生したのが、宗像三女神です。

こうした三神一組の発想は、どこから生じたのでしょうか？

それは古代の人が太陽の光を「三角を基本にした文様」で表現したことに起因していると考えています。これは精霊信仰の延長線上の、物や言葉に魂が宿るという古代の日本人特有の思考法によるもので、つまり、「太陽の光（＝神）⇓三角の文様⇓三角の縁の鏡⇓三角⇓三神」のように、核となる意味を保ちつつ、少しずつ意味合いを変えながら、連鎖的に変化することにより生じたというのが、わたしの推理であり、説です。

三種の神器や神武東征の際、熊野国から大和国への道案内をしたとされる八咫烏（やたがらす）（やたのからす）の足の数が三本であることや、天武天皇が都を天の香久山、耳成山（みみなしやま）、畝傍山（うねびやま）の大和三山（やまとさんざん）と言われる三つの山に囲まれた地に定めたのも、「三」に「神」の意を見ての創作であり、決定だったのではないでしょうか。さらに、「三」は「御（み）」へと変化し、「御（み）」は神や皇室に関わる場合に用いられるようになります。

●コラム⑨　伊勢神宮の「心の御柱」

伊勢神宮の式年遷宮では、正殿中央の床下に「心の御柱」が奉建されています。「心の御柱」の用材「忌柱」を立てる立柱祭に始まり、御形祭、上棟祭、御船代奉納式、洗清等の一連の儀式が行われた後に、「心の御柱」を奉建する「心御柱奉建」の儀式が神秘的に行われます。「心の御柱」が奉建されるとき、神職は「一切成就祓」と呼ばれる祓詞、「極めて汚も滞無れば穢とはあらじ。内外の玉垣清浄と申す」と唱えます。

御柱の半分の部分は地下に埋め、その真上に神宮の本殿が建てられます。御柱の高さは天皇の身の丈の高さと言われ、京都伏見の武田の竹と檜の楉木（若い枝）で天皇の身長を計ったと言われています。その御柱の直上に当たる内宮内の位置に、アマテラス大御神のご神体の八咫鏡が収められていると言われています。八咫鏡は御樋代という橋で造られた箱に収められ、さらにその御樋代は、御船代という船の形をした大きな器に収められています。

史料によって違いはありますが、『皇太神宮儀式帳』によると、御樋代は「深一尺四寸・内八寸三分・径二尺・内一尺六寸三分」と記されています。また『皇太神宮儀式帳』の正殿心柱造奉条の神饌関連物品として、写本によって違いはありますが、「木綿二斤、麻二介、五色薄絁五尺、庸布四端、米一斗、酒一斗、雑腊（干し魚）一斗、堅魚二斤、鮑二斤、海藻二斗、塩二升、雛二羽、卵子十凡、陶器二十口、土師器二十口」が上げられています。

第6章
韓国の竹幕洞祭祀遺跡

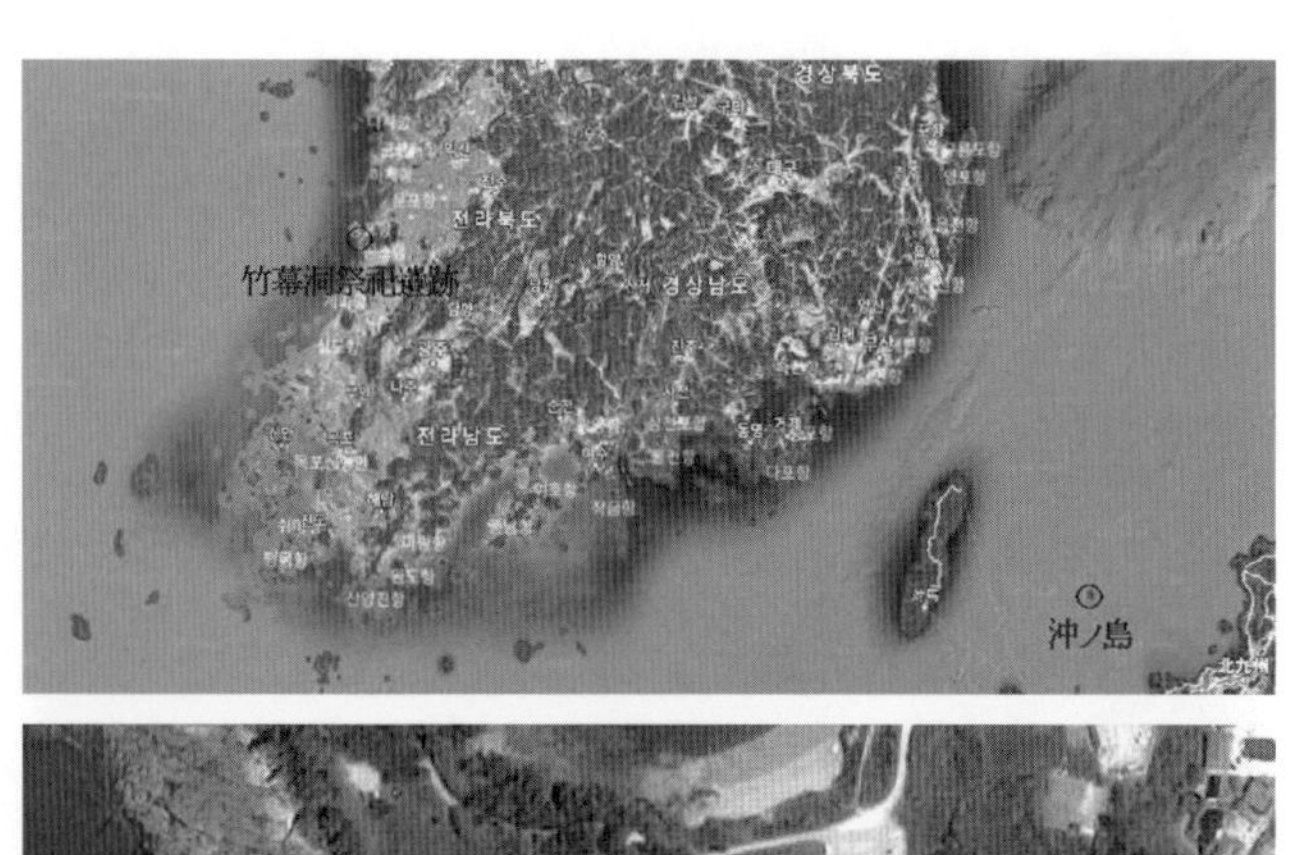

竹幕洞祭祀遺跡（韓国・扶安）

沖ノ島と竹幕洞遺跡のご神木の祭祀品

韓国に沖ノ島の出土品とよく似た出土品が出土した祭祀遺跡があります。竹幕洞祭祀遺跡と呼ばれる遺跡で、朝鮮半島の南海岸に突き出した辺山半島の西端部にあります。竹幕洞祭祀遺跡は１９９２年に大韓民国国立全州博物館により発掘が行われ、古代の祭祀遺跡が海に突き出した絶壁の平坦地約４００平方メートルを祭場として、露天で祭りが行われていたと考えられています。

竹幕洞の場合も、沖ノ島の場合と同様に変遷が見られます。

竹幕洞では、壺や甕や高坏などの土器を用いた祭りが、この地域が馬韓と呼ばれていた時代の3世紀後半頃から始まり、4世紀中頃から5世紀前半にかけて本格化します。土器はすべて百済様式です。

5世紀の中頃になると、百済様式の土器を主体としつつ、須恵器も見られるようになります。注目されるのは、沖ノ島の出土品とよく似た有孔円板・蝉形品・剣形品・鏡・短甲・刀子・斧・鎌・勾玉・鈴などの石製模造品（ミニチュア祭祀品）が使われ始めることです。時期的にも、沖ノ島で最初に石製模造品が用いられた時期と重なります。沖ノ島の場合、滑石製であるのに対し、竹幕洞の場合は、ほとんどが畿内の片岩系石材製と見られ、また、日本各地の祭祀遺跡に類品が認められることから、その時代、百済（竹幕洞）と日本は同様の宗教観を持ち、規模の大小はともかく、文化的な交流を行っていたことがわかります。

竹幕洞では、その頃から6世紀前半にかけて、多種類の土器を数多く出土していて、祭りは最高潮に達したと見られます。大型の甕の中からは、金属製の鏡・武器・農工具・馬具なども見つかっています。

ご神木に祭祀品を飾り付けて行った祭りの文献上の初見は、次の記述かと思われます。

○信鬼神國邑各立一人主祭天神名之天君又諸國各有別邑名之為蘇塗立大木縣鈴鼓事鬼神（『魏志韓伝・馬韓』原文）

《現代語訳》鬼神を信じ、主邑では、それぞれ一人を立てて天神の祭りを司祭している。これを天君と名づけている。また、諸国にはそれぞれ特別な集落があり、これを名づけて蘇塗（聖地）とする。大木を立て、鈴や鼓を飾って鬼神に仕える。

馬韓（後の百済）の天神の祭りの記述で、馬韓時代に、竹幕洞地域ではご神木に祭祀品を飾り付ける風習があったことがわかります。

魏志の時代、北部九州では、いわゆる三種の神器（鏡・玉・剣）が祭祀遺跡や墳墓から出土しています。前にも述べましたが、それらの内、鏡と玉はご神木に飾り付けられたことでしょう。国産の倣製鏡(ほうせいきょう)の場合、9割以上が直径9センチ未満です。こうした小型の鏡は、ご神木用に造られたものに間違いないでしょう。朝鮮半島南岸の馬韓でも、北部九州でも、天神（日神）を祀る時、ご神木に祭祀品を飾り付け、ご神木を立てて、神さまを招き迎えてお祭りをした風景が見えてきます。

応神天皇と竹幕洞遺跡と高句麗の東盟祭

沖ノ島の出土品と竹幕洞祭祀遺跡の出土品との類似性についてわたしは、「応神天皇と関係があるのでは？」と見ています。

応神天皇の時代、倭漢直の祖、阿知使主とその子、都加使主が、党類十七県を率いて集団亡命があったことが、『日本書紀』に記されています。『続日本紀』の編纂者の菅野真道は百済の第16代の王の辰斯王の子孫とされますが、辰斯王の皇子の辰孫王は応神天皇の時代に日本に渡来して、そのまま定着したと伝えられています。

応神天皇は太子の教育係に、阿直岐と王仁の二人の百済人を起用しています。

応神天皇の時代、『新撰姓氏録』に百済の王族出身者が三人記録されています。

大原真人（出自謚敏達孫百済王也）

島根真人（百済親王之後也）

清原真人（百済親王之後也）

大和政権が急速に親百済政策を採った応神天皇の時代、朝鮮半島の南岸から九州北岸、そして瀬戸内海を通って大和を結ぶ「日韓シーレーン」は、その前の時代からありましたが、半島側の起点が南西部に移動し、半島と日本を結ぶ新たな「日韓シーレーン」を中心にした交流が、その地域全体で進み、とりわけ日本と百済との二国間での交流が活発化したのではないか。また、祭政一致の時代、そうした交流は、ご神木に祭祀品を飾って天神（日神）を祭る共通の風習を持つ日本と百済の国家的な祭祀で、相互に影響し合い、祭祀品の混入と類似化を生んだのではないかと、考えられるのです。

その場合、二国間の交流と日本における新たな祭りの形の普及に大きな役割を担ったのは、北部九州や瀬戸内海の海人族だったことでしょう。海人族は祭りのプロでもありましたから。時代は下りますが、仁賢（にんけん）天皇の時代、韓白水郎暵（からまのはたけ）という朝鮮半島から来住した海人（族）がいたように、朝鮮半島側の海人族もいたことでしょう。

竹幕洞祭祀遺跡から出土した石製模造品は、有孔円板が全体の4分の3とずば抜けて多く、その次に剣形品が多く出土していて、この二種類のみで全体の90％を占めています。有孔円板と剣形品の比率が高いことは、日本の石製模造品に見られる傾向ですが、その理由の一つは、二種類ともご神木に飾るために、ひもを通して、数珠状の輪にしたからに違いありません。特に平たく薄い有孔円板は、数珠状の輪にするのに数多く製造する必要があったことでしょう。

鏡（＝太陽）を模したミニチュアと考えられる有孔円板の数珠状の輪と剣を模した剣形品の数珠状の輪に加え、その他の鏡や刃物などの石製模造品はすべて、天神（日神）を祀る祭りが行われていたことを表わしています。祭られる神さまは、沖ノ島と同様に天神（日神）だったに違いありません。ミニチュア祭祀品の数々が飾り付けられたご神木は、沖ノ島のご神木のように、クリス

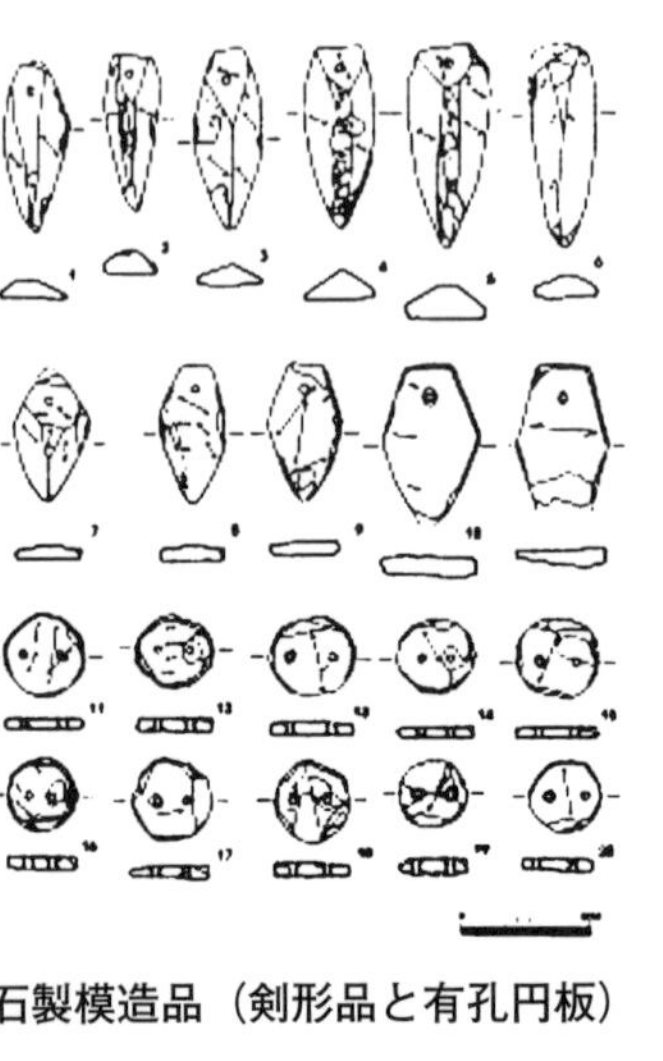

石製模造品（剣形品と有孔円板）

マス・ツリー状だったことでしょう。甕には、神さまからの頂き物の酒がたっぷり入れられ、祭りの中で、神酒が参加者にふるまわれたことでしょう。

沖ノ島と竹幕洞のミニチュア祭祀品の種類と材料の違いは、主に地域性と材料の入手の便によるものと考えられますが、沖ノ島の場合、長期間、国家的な祭祀が行われたことが、少なからず祭祀品の種類や質に影響をもたらしたことでしょうし、日本人特有のアニミズム的感性が働いて、石製、鉄製、金銅製と、多種多様なミニチュア祭祀品が創作されたものと思われます。驚くことに、紡績具や琴のミニチュアまで造ってしまうのですから、古代・沖ノ島の祭祀品の工人の創作力の旺盛さに驚かされてしまいます。

所変わって、高句麗の天神祭「東盟祭（とうめいさい）」のことが、『魏志高句麗伝』に記されています。

○十月祭天國中大會名曰東盟其公會衣服皆錦繡金銀以自飾大加主簿頭著幘如幘而

無餘其小加著折風形如弁其國東有大穴名隧穴十月國中大會迎隧神還於國東上祭之置木隧於神坐（原文）

《現代語訳》十月をもって天を祭り、国中大会する。名づけて東盟という。衣服はみな錦や刺繍、金、銀を使い自分で飾る。大加や主簿は頭に布製の頭巾を被るが、頭にピッタリした頭巾である。小加は折風（頭巾の名）を被るが形は中国の弁冠のようである。その国の東に大きな穴があり、隧穴と名づく。十月の国中大会し、隧（穴）神を迎えて国の東に還り、これを祭り、木の隧神を神坐に置く。

東盟とは東明であって、太陽神を表わす言葉です。太陽神の子である高句麗の朱蒙は「東明聖王」と称しました。

この文をさらに訳せば、「10月の天を祭る東盟祭では、祭りの参加者は錦や刺繍を施し、金銀で飾った服を身にまとい、頭にはぴったしの頭巾を被って参加した。国の東に隧穴という大穴がある。その大穴から東の海上に昇ってきた隧（穴）神を祀り、木の隧（穴）神を神坐に置いた」となります。

祭りの性格から隧（穴）神は太陽神であることが推察できます。そう考えたとき、隧（穴）神の隧の文字は燧石(ひうちいし)の燧の文字の誤記ではないかと考えられます。燧の字には「火を切り出す」という意味があります。誤記ではなかった場合、隧の字に「日」か「火」と関連した意味があったと思われます。

「東盟祭」について、民俗学者の谷川健一は「東盟祭は収穫祭というよりは、冬祭りの型である。古代の高句麗には冬至の頃にいったん死んだ太陽が、地下道を通って東の穴から生まれかえり、その再生のしるしに水浴びをするという考え方があり、その儀礼化したのが東盟祭ではなかったかと考える」と述べています。わたしも賛同します。

●コラム⑩　韓国の巫女祭り「射亭　都堂祭」

100年ほど前まで韓国京畿道の射亭里という村で10月に行われていた無病息災、五穀豊穣を祈願する巫女祭りに「射亭(サジョン)　都堂祭(トタンクッ)」というのがあったそうです。

松の木のご神木の前に、山から伐り採ってきた二メートルあまりの木の枝をご神木の前に立て、乾明太魚（干しスケトウダラ？）を吊して、御帛を結び、酒、餅、果実などの供物を供え、祭主が神に酒を捧げ、神歌を唱え、巫女たちの舞の奉納が成されました。巫女たちは神さまが木の枝に降りてくるように祈りながら、歌い踊りしました。主巫の巫女は、その木の枝（渡御用のご神木）を抜き取り、神が木に乗り移った証しだとして、主巫は木の枝を揺り動かしながら、先頭に立ち、列を成して、村内を渡御したのだそうです。

日本の神さまは「タマフリ」といって、揺り動かされるのが大好きですが、木の枝を神輿に置き換えたら、そのまま日本のどこかの神社の祭りにありそうな祭りです。馬韓の神さまは、鈴や鼓を喜んだようですが、ここの神さまは、乾明太魚を喜んだようです。

第7章

女人禁制考と「みあれ祭」

みあれ祭

女性斎主のお客さま化と巫女の地位の低下

沖ノ島の女人禁制はいつから始まったのでしょうか？

伊勢神宮の斎王（さいおう）または（斎皇女（いつきのみこ））はアマテラス大御神の御杖代（みつえしろ）として、未婚の皇女が卜定（ぼくじょう）という占いによって選ばれました。斎王は先ず皇居内の初斎院（しょさいいん）に入り、翌年8月野の宮（ののみや）に入り、一年間潔斎の後、斎宮に入り、9月の神嘗祭（かんなめさい）と6月と12月の月次祭（つきなみのまつり）に、伊勢神宮内宮外宮（ないくうげくう）両宮に参向して、祭りに奉仕しました。伊勢神宮の斎王は、いわば倭姫（やまとひめ）に当たり、古くは卑弥呼、そして神功皇后（じんぐう）、あるいは兄媛（えひめ）に相当する「祭り」「祭られる」神さまになる最高位の巫女のことです。

伊勢神宮の神嘗祭の古儀では、斎王のスケジュールは、次のようになっています。

10月15日、離宮院（りきゅういん）に入る。

10月16日、潔斎の上、外宮に参向。太玉串（ふとたまぐし）を奉った後、侍殿（じでん）で待機。

太神宮司以下の奉幣諸行事終了後、退出し、離宮院へ。

10月17日、内宮に参向。太玉串を奉った後、侍殿で待機。

行事終了後、退出。


潔斎以外で、斎王の務めらしい務めは、「太玉串を奉る」務めのみ。

「太玉串を奉る」務めとは、いったいどんな儀式なのでしょうか？

内宮外宮の両宮とも、外玉垣御門（とのたまがきごもん）内に入り、東側の殿舎の斎王侍殿の座（現在の四丈殿の位置）にて行われます。

太神宮司が御鬘（みかずら）の木綿（ゆう）を持って参入。

命婦（みょうぶ）を経て、斎王は拍手（かしわで）を打って木綿を取って、鬘（かずら）に付ける。

太神宮司が太玉串を持って参入。

命婦を経て、斎王は拍手して太玉串をとって、内玉垣御門（うちたまがきごもん）内に参入。

再拝両段（四度拝）後、太玉串を命婦に授け、命婦は大物忌（おおものいみ）に授け、大物忌はこれを瑞垣御門（みずがきごもん）内の西頭（にしのほとり）に立てる。

斎王は東殿の本座に就いて待機。

その間、太神宮司以下の奉幣（ほうへい）の儀が、奉幣の神事、歌舞、直会の順で行われて、奉幣の儀が終了。

斎王はここで初めて、禰宜（ねぎ）・内人（うちんど）等に禄を賜って、退出。

つまり、斎王は奉幣の儀の間中、別の建物で、まるで「お客さま」のように待機したままという訳です。斎主である斎王が、伊勢神宮の祭祀において、形式上「お客さまに見える」状態に置かれるようになったことが、沖ノ島の女人禁制に至る最初の出来事と見ています。

なぜそうなったのでしょうか?

「命婦を経て、斎王は拍手を打って木綿を取って、鬘に付ける」行為は、この瞬間に斎王がアマテラス大御神と同体になったことを意味します。大御神となった斎王は、太神宮司が持ってきた太玉串を命婦を経て、受け取り、また命婦を経て、太神宮司に手渡します。この儀式は大御神の神威を太玉串に宿らせる儀式です。斎宮は祭りの表舞台に出ることなく、神事で最も重要な神さまを招き迎える儀式が行われるようになっています。

今の神社の神事はどのようになっているでしょうか?

一般的に「祝詞奏上」に始まり、献幣、神楽、直会の順で行われる神社の儀式は、伊勢神宮の「太神宮司以下の奉幣の儀」と儀式の内容が、大筋で一致しているのです。つまり、神さまとして「祭り・祭られる」斎主抜きの神事になっているのです。そこには、伊勢神宮の場合は、「大御神＝斎王＝太玉串」という関係が、今の神社の場合は、「神＝幣帛」という関係が読み取れます。形式上、そうなった理由は、女性斎主が「お客さま化」された状態になったことにより、時と共に多くの神事が女性斎主抜きの神事へと移り変わり、普遍化したと、わたしは見ています。

宇佐神宮の場合、神職の文献上の初見は、『続日本紀』の「748年、八幡大神祝部大神宅女に従八位上、同杜女に外従五位下を授けた」という記述で、奈良時代から平安時代まで、祝と呼ばれる女禰宜職が任命され、神意の託宣を行っていました。

伊勢神宮祭祀の、国家祭祀の「はじまりの形」を伝える物証がいくつも出土した沖ノ島の場合も、少なくとも岩陰祭祀段階までは、「祭り・祭られる」女性斎主が祭りの中心的役割を担っていたことは、火を見るよりも明らかですが、律令祭祀が始まる半岩陰・半露天祭祀の段階からは、沖ノ島では依然、古来の祭りの精神を強く保持しつつ、伊勢神宮のように女性斎主の「お客さま化」により、務め自体は表舞台には立つことなく行われたのではないか、そして時と共に、女性斎主不在へと移って行ったのではないかと考えられます。

整理しましょう。

○皇室系の祭祀で、神の御杖代(みつえしろ)である女性斎主が祭りの表舞台に立つことがなくなり、女性神職は神楽の舞い手や司祭者の補佐役を務めるようになったこと。

○律令祭祀のもと、神職制が男性優位の制度になり、男性の神職が司祭者を務める形式に変容したこと。

○例えば、奈良時代まで女禰宜(めねぎ)が絶対優位だった宇佐神宮では、9世紀の中頃の神職制の拡充に伴い、神主・女禰宜・祝・陰陽師・検校・権検校と多種の神職が生まれ、女禰宜の地位が低くなった。

このような変化が、祭りにおける最高位の巫女（女性斎主、女禰宜）の必要不可欠の条件が薄れていったことが、沖ノ島が女人禁制の島に移っていく始まりの第一歩目と見ています。

国防の神・厳格な「掟と禊ぎ」

沖ノ島の祭祀遺跡は、第四段階の露天祭祀の時代です。

811年12月の新羅賊徒や869年の貞観の入寇を契機に、日本は国防体制の強化策を取るようになります。

『日本三代実録』は、「貞観12年（870年）、八幡大菩薩宮及び香椎廟・宗像大神・甘南備神に奉幣して、新羅海賊の来寇・諸国災異のことを告げ、平安を祈る。また使者を諸山陵に遣わして、新羅海賊の来寇のことを告げる」と記し、同日、朝廷は弩師（弓の名手）や防人などの兵50人を対馬に配備しています。

その8年後の元慶2年（878年）、『日本三代実録』は「陽成天皇は新羅の海賊の攻撃を防ぐため、平季長を勅使として大宰府に派遣し、八幡及姫神（比売大神）、住吉・宗形（宗像）等大神に奉幣して、国家の平安を祈願した」と記していて、朝廷が大宰府に勅使を派遣して、宗像大神をはじめ北部九州沿岸地域の名のある神々に国家の平安の祈願を行ったことを伝えています。九州で唯一の「神郡（かみのこおり）」であった筑前国宗形郡を統率した宗像の神主は、その使命感を強く持ったことでしょう。

鎌倉時代末期から南北朝時代の初め頃に著わされたと見られる『宗像大菩薩御縁起』は、「宗像大菩薩（＝宗像神）こそが最強の国防・海防の神」と、また、福岡藩の防人として、沖ノ島に100日間勤務した国学者の青柳種信は、紀行体験日記『防人日記』（瀛津島防人日記）に、「（福岡藩により沖ノ島に防人が置かれたのは）新羅への備え」と記しています。
江戸時代に当時、国名「李氏朝鮮」だった韓国を（神功皇后の伝承と新羅海賊の伝承の影響か？）「新羅」と呼んだのはともかく、沖ノ島がその地勢的要因もあって、国防の前線の島になったことにより、平安時代から太平洋戦争中、軍事拠点として砲台が設置された昭和の時代までの長期間、沖ノ島の神事が国策や藩策で「国防」にシフトしたことが、沖ノ島が女人禁制の島に移っていった第二歩目だと見ています。

江戸時代の儒学者の貝原益軒（一六三〇～一七一四）は、自身が編纂した『宗像三社縁起』に、「この島にては神事をむねとし侍れば、神事にけがれあるものを忌みて、まさしき名をいはで、名をかへていふ。死は『くろやうせい』、女は『ほとめ』、鳥は『くろとり』、塩は『なみのはな』……」と、沖ノ島では忌詞を用いることを記し、自身が編纂した『筑前国続風土記』に、「一此島の竹木土石なと取来る事、神の、を（惜）しみ玉ひて、必災となるよし、いひてはなはだおそる、みたりに島の物をむさほり取てあらさは、誠に神の祟あるへし、但正神は俗のいへることくに、鄙吝なる事は有へからす」と、竹木土石等一切持ち出してはならない「掟」があることを記しています。また、青柳種信は『防人日記』に、「沖ノ島は不言島だから、島のことは何も言えない」と、口外禁止の「掟」があることを記しています。

青柳種信は『防人日記』に、「神官らは島に到着して7日間斎戒沐浴し、その間は忌みこもった。毎日垢離かきをした。神官も武士も船員も労務者も誰もが俗界の不浄を祓うために、毎朝、海に入ってみそぎを行った。みそぎを経て、ようやく山内に入って大神（沖津宮）に参拝できる清い体になった」（要訳）と、そして、貝原益軒は『筑前国続風土記』に、「忌み明けに際し、潮花を採り、丸裸になって、三度小屋を回り、人のみならず、諸道具も清めた」と、不浄を祓うための厳格な「禊ぎ」があることを記しています。

神宿る「沖ノ島」では、今も宗像神宮の神職は、厳格な「掟と禊ぎ」を厳守し、沖ノ島の女神に奉仕しています。沖ノ島が女人禁制になった最後の理由は、自ら課した厳格な「掟と禊ぎ」のためと見ています。

なぜ自ら厳格な「掟と禊ぎ」を課すようになったのでしょうか？

その要因は、沖ノ島が国家公認の「神宿る島」であるが故に、神職みずから神道の根本である「清め」と「お祓い」を極めようとした結果ではないか、そして例えば、奈良時代、八幡神を奉じる巫僧（ふそう）が国東・六郷満山で山岳修行を行う中で、不浄を忌む観念が育ち、浸透するにつれて、女性不浄観を持つようになったように、千年以上の長い間「国防の神」でもあった緊張を強いられる歴史の中で、沖ノ島の女神に奉仕する神職らのあいだで、不浄を忌む観念が徐々に育まれ、「女人禁制」に至ったのではないか、と見ています。

御長手神事と「みあれ祭」

毎年10月1日に、宗像大社では海上安全や大漁などを願って「みあれ祭（さい）」が行われています。その内容は、辺津宮に祀られている市杵島姫（いちきしまひめ）神が、姉にあたる田心姫（たごりひめ）

神と湍津姫神を迎えるもので、海上では宗像三女神それぞれの御輿を載せた三隻の御座船が宗像七浦の船団に供奉されて、海上を巡行する大規模な海上神幸行事です。

２０１７年の「みあれ祭」のスケジュール（宗像大社ホームページより）

午前8時30分　中津宮出御祭
午前9時　辺津宮出御祭
午前9時30分　大島港御発輦【出発】（みあれ祭・海上神幸）
午前10時20分　御座船停船場所　到着
午前10時40分　神湊港着　駐輦祭斎行
午前11時30分　神湊港発　陸上神幸出発
午前11時50分　玄海コミュニティ　到着
午後12時05分　玄海コミュニティ　出発
午後12時50分　辺津宮（宗像大社）入御　入御祭

「みあれ」は「御生れ」で、神さまの出現の意を持つ語で、「みあれ祭」はその語をそのまま祭りの名にした祭りです。同じ語を祭りの名にした祭りとしては、京都・上賀茂神社の「御阿礼神事（みあれしんじ）」が有名です。

宗像大社の「みあれ祭」は、中世まで年に4回行われていた「御長手神事（みながてしんじ）」の古儀を整えて、昭和37年に復興した秋祭りです。当時、小野権宮司（ごんぐうじ）の復興計画案について、関係漁業協同組合も賛成で、初回から好スタートをきることができたのだそうです。

元になった「御長手神事」とはどんな神事だったのでしょうか？

前にも引用しましたが、『宗像大菩薩御縁起』に記された「神功皇后の三韓征伐に際し、宗大臣（宗像神）が『御手長』という旗竿に武内宿禰が織った紅白二本の旗をつけ、これを上げ下げして敵を翻弄し、最後に息御嶋（沖ノ島）に立てた」との伝承に始まります。

「御手長」は「御手長」という旗竿のことで、「異国征伐の旗竿」のことです。神功皇后に従った宗像氏が、壱岐国の海人と連繋して、その海人の先導によって功を輝かしたので、凱旋後、北九州に定住する際、その「手長の神」を宗像に祀ったとされています。

壱岐の島に天手長男(あめのたながお)神社・天手長比売(あめのたながひめ)神社があります。「手長の神」は、その二社に鎮座する神さまと考えられ、つまり、そうであるなら、沖ノ島に立てた紅白二本の旗は、壱岐国の「手長の神」が依り憑く「御手長の旗竿の旗」で、「異国征伐の旗」ということになります。

紅白二本の旗を織ったとされる武内宿禰を祀る宗像五社の一つの宗像市鐘崎の織(おり)幡(はた)神社の由来について、『筑前国続風土記』によれば、社記に「武内大臣(武内宿禰)が沓(くつ)を脱いで昇天した霊地に武内大臣を主神とする織幡神社を設け、(壱岐氏の)壱岐眞根子臣(いきまねこのおみ)の子孫が代々司祭した」と記され、『宗像大菩薩御縁起』によれば、「金崎(鐘崎)の織幡大明神は武内大臣の霊神で、織幡大明神が紅白二本の旗を宗大臣の御手長の旗竿に付けた」とされています。

つまり、宗大臣(宗像神)の旗竿の旗は、壱岐氏が祀る織幡大明神(手長の神)

が依り憑く旗ということになり、仮に、「沖ノ島の神は、元々は壱岐の島に鎮座する『手長の神』であって、これを島名にちなんで、壱岐島→イチキ島（斎き島）の姫神とした」との田中卓（皇學館大学元学長）の説を採ったとすれば、壱岐国の「手長の神」→沖ノ島の「宗像神」→沖ノ島の「市杵嶋姫命（神）」→沖ノ島の田心姫神（現在）という沖ノ島の女神の発祥と変遷が、浮かび上がってきます。

前にも引用しましたが、『宗像大菩薩御縁起』は「宗像大菩薩（＝宗像神）こそが最強の国防・海防の神」と記しています。沖ノ島は平安時代以降、国家鎮護・異国征伐を祈願する国家的祭場でした。「御長手神事」は、年に四回、沖ノ島から宗像三女神を三神一体として遷座し、日々の祭祀が行われる辺津宮（三宮の総社）で祀ることで、国家鎮護・異国征伐の霊験に威を持たせる神事だったのです。

現在、御座船（ござぶね）には「国家鎮護　宗像大社」の大幟（おおのぼり）が立っています。「長手神事」時代の祈願が、大幟（御手長の旗？）に書き記されています。

昭和の時代に「みあれ祭」と名を変えて復興した「御長手神事」は、毎年秋に、宗像大社の秋季大祭の幕開けの勇壮な神事として、盛大に開かれています。宗像三女神への信仰は、今日、「みあれ祭」として、宗像大社の神職と宗像の漁師との協同で受け継がれ、神事のたびに三女神の霊験の威を高め、今の時代の人気の祭りとして、新たな神事の道を航進しているのです。

神宿る島「沖ノ島」の沖津宮（おきつみや）、大島の中津宮（なかつみや）、宗像市田島の辺津宮（へつみや）の宗像大社三社に祀られる宗像三女神が、身分の上下に関わりなく、日本人に海上・交通安全の神さまとして尊崇され、親しまれてきたのは、『日本書紀』が記すところの「道中」あるいは「北海道中」、つまり、沖ノ島の場合、朝鮮半島や大陸との通交路上の島に祀られる神さまであることに他ならないと考えられるのです。それは長い間、国防の神さまでもあった所以でもあるのです。

宗像大社と出光佐三

昭和17年11月に「宗像大社復興期成会」が発足しました。

会長は宗像市赤間（旧宗像郡赤間村）出身で出光興産の創業者の出光佐三（いでみつさぞう）（一八八五～一九八一）。

出光が宗像大社を参拝したある日、宗像大社の荒廃ぶりにショックを受けたそうです。

そのときのことを手記に、「これがあの天照大神のご神勅を授けた宗像三女神が鎮座するお社なのか、と身震いするほど恐懼（きょうく）した」と書き記しています。そのときのショックが「宗像大社復興期成会」発足のきっかけになったそうです。

氏は会長として、神社史の編纂、沖ノ島祭祀遺跡の学術調査、昭和の御営造など、宗像大社の復興のために、献身的な努力を重ねられました。

1959年6月、出光は沖ノ島祭祀遺跡から出土した数々の宝物をはじめ、宗像大社伝来の社宝や旧宗像郡内の文化財を展観収蔵のための建物「社宝収蔵庫」を建設奉納されています。この間に行われていた社殿等の造営・整備は、1971年11月に完了し、同月11日に勅使を迎えた遷宮祭遷座の儀が執り行われ、現在の宗像大社が完成したそうです。

宗像大社は彼の功績をたたえて「是が非でもお名前を残させてほしい」と嘆願したそうですが、「畏れ多い」と拒否し続けられたそうです。

そこで宗像大社は彼には言わずに、こっそりと彼自身が書いた文字をあるところに残したそうです。そのあるところとは、境内の第二宮と、第三宮のそれぞれの宮の碑と「洗心」と刻まれた手水石です。

宗像大社の荒廃ぶりに出光がショックを受け、「宗像大社復興期成会」を発足していなければ、沖ノ島の数々の宝物もいまだタイムカプセルのまま埋もれたままだったかもしれませんし、『神宿る島』宗像・沖ノ島と関連

「洗心」と刻まれた手水石

遺産群」のユネスコの世界文化遺産登録も、縁の無い話だったかもしれませんね。

終章
おわりに

玉串

沖ノ島祭祀遺跡の謎解き

本書においていくつものテーマについて推理や謎解きを試みて参りました。まとめの意味も含めていくつか振り返ってみたいと思います。

出土品の中でも話題性のあるササン朝ペルシャ製カットグラス碗や新羅製と見られる金製指輪や中国製とされる金銅製龍頭などの渡来ルートの謎解きも主要なテーマでした。文字が語る文献資料、モノが語る発掘資料、そして専門家の研究成果などを検証して見えてきたのは、「北部九州は親新羅的文化が育まれていて、北部九州の勢力が独自に新羅と交流を行っていたようだ」、「その背景には新羅の外交戦略もあったかもしれない」ということでした。金銅製龍頭は「遣唐使持ち帰り説」が一般的ですが、これも北部九州の勢力と新羅との交流の中で、渡来した可能性が高いという思いに至りました。

ご神木の飾り付けと船載品で朝鮮半島との交流を探ると、岩上祭祀の時代のご神木の飾り付けは、弥生時代以来の、いわば日本と馬韓（後の百済）共通のスタイルという観点から、沖ノ島の場合、大和政権が親百済政権になって以降、韓国の竹幕洞と同時期の、岩上祭祀の時代の後期にミニチュア祭祀品が生まれて、岩陰祭祀の時代に本格化し、クリスマスツリー状態の飾りが始まり、後に新羅との交流の中から、舶載品が祭祀品として用いられ、沖ノ島の祭りの目的の中に、新羅の海賊対策が始まった露天祭祀の時代から、舶載品がなくなったというのが、わたしの推理です。

飾り付けられたご神木は、岩上祭祀の時代は巨岩上に神籬を一本（ご神木の前に剣先を上にして剣を立てた）、岩陰祭祀の時代は巨岩の前に太御幣を一本、そして、半岩陰・半露天祭祀の時代からは、祭場に作られた青柴垣（太玉串）の囲いの中央に一本、どの時代も根掘じ（ねこじ）にした常緑樹のご神木が立てられたことでしょう。半岩陰・半露天祭祀の時代、幡を吊り下げた金銅製龍頭と三叉鉾が祭場の境に立てられ、結界を表わす印としたというのが、わたしの推理です。

沖ノ島の祭祀遺跡の謎解きをする過程で、予期せぬ発見がありました。それは沖ノ島の祭りと葬送儀礼との関係でした。

「7号遺跡の中央に玉の小山が三つあり、《中略》鉄刀のきっさき部分がいくつも散っていた」（真弓常忠『神道の世界』）という貴重な記述を糸口として、沖ノ島における冬至の頃の鎮魂（タマフリ）の儀式を推測し、『記紀』の天照大御神と素戔嗚尊のうけいの勝負から天照大御神の天の石屋戸隠れまでのストーリーと照らし合わせて考察した結果、見えてきたのは「沖ノ島の岩陰遺跡段階の祭りでは、新年を迎える前に『新生と再生』の祈願の儀式が行われていたであろう」ということでした。

次に、折口信夫の論説や『古事記』、『魏志倭人伝』の記述などを参考資料として考察した結果、見えてきたのは「どうも古代の人は人の死と埋葬を旧年と新年と同じに捉えていて、埋葬は新たな人生の船出と考えていたようだ」ということでした。その観点から、本葬前のモガリにおける神祭りでの鎮魂の儀式、その儀式のあとの本葬の、おそらく最終段階に行われていたであろう祭祀品の破砕という行為を想定する中で、祭祀品の破砕の意味や古代人の宗教観や葬祭未分化と見える理由などについて、わたしなりに謎解きをしました。

『魏志倭人伝』の時代、日本人の身近な生き物だった蚕の幼虫の「カイコ（勾玉）」、蚕のさなぎの「繭（甕棺）」、繭から取った「生糸（服）」と蚕づくし（加えて蚕は最後に羽化することから、新たな生命の誕生を想起させる。実はこのことが重要）で一貫した埋葬形式の形成を想起させ、その観点などから古代人の死生観を読み解きました。絹を「ひき（匹、疋）」と数える伝統は、弥生時代に興った蚕信仰の名残りと見ました。

また、古代人は祭祀に用いた祭祀品を地中に埋める風習を持っていたことを、古代人が土の力に神を見ていたことや伊勢神宮のご神宝は、遷宮後、かつては地中に埋められていた例などを上げ、解説しました。船原古墳遺物埋納坑に埋納されていた馬具類については、神祭りをともなうモガリの儀式と本葬の二段階葬送儀礼と祭祀品を地中に埋める風習から、その謎解きを試みました。

まとまった量の銅剣や銅鐸が掘り出されるたびに、また破砕された鏡や銅鐸が掘り出されるたびに、専門家の方々が様々な推論を提示されてきました。勾玉の意味についても、様々な推察がなされてきました。本書が古代の祭祀や葬送儀礼をはじめ、沖ノ島や沖ノ島の祭祀遺跡に関わる様々な謎の謎解きの一助になればと心より願っています。

ところで、なぜ古代の日本人は祭祀品を破砕することを思いついたのでしょうか？

それは言霊・音霊信仰、つまり、破砕することで発生する奇怪な音に異界感や霊性を感じ取ったのと、音をたてて砕(くだ)けちる現象に新たな霊性の誕生を感じ取ったからなのだろうと考えています。それは八百万の神さまが住む自然が豊かな日本の風土に育まれた日本人特有の感性なのです。その感性の上に、鎮魂（タマフリ）の思想が育ち、神話ではアメノウズメノ命の乱舞が創作され、古代に巫女舞が生まれ、安土桃山時代に女歌舞伎が生まれ、明治末から大正はじめに、白木屋少女音楽隊や宝塚少女歌劇団（後の宝塚歌劇団）などの日本独特の舞台芸能の少女歌劇が生まれ、そして現代、戦後における日本の歌謡が米国ポップス化し、発展してきた流れの中で、日本独特のスタイルの女性歌舞グループ「ＡＫＢ」などのアイドル・グループが生まれたと考えています。

また、はじまりは正月の神事として行われた踏歌（とうか）や猿楽（能）も、鎮魂の思想が反映された神事芸能であり、そのはじまりを求めれば「祭祀品の破砕」に至るのです。

時代劇で、家の主人が家を出るときに奥さんが火打ち石でカチカチと「切り火」をする風習や葬儀後、出棺するときに茶碗を割る風習も、その真のルーツは祭祀品の破砕の風習にあるのではないでしょうか。

２０１６年、三笠宮さまが薨去された際、「斂葬（れんそう）の儀」で遺族の方々が祭壇に玉串を捧げる映像を見ました。神道の「神霊が宿った玉串を故人に捧げることで、故人の霊が神さまと一体となって神さまになる」思想は、古代の人々が神さまの宿った祭祀品を故人の墓に副葬品として捧げることを思い立ったときに芽生えたのではないかと、思った瞬間でした。謎解きは現在も進行中です。

宮中祭祀主要祭儀一覧（宮内庁ホームページより）

月　日	祭　儀	内　容
1月1日	四方拝（しほうはい）	早朝に天皇陛下が神嘉殿南庭で伊勢の神宮、山陵および四方の神々をご遙拝になる年中最初の行事
	歳旦祭（さいたんさい）	早朝に三殿で行われる年始の祭典
1月3日	元始祭（げんしさい）	年始に当たって皇位の大本と由来とを祝し、国家・国民の繁栄を三殿で祈られる祭典
1月4日	奏事始（そうじはじめ）	掌典長が年始に当たって、伊勢の神宮および宮中の祭事のことを天皇陛下に申し上げる行事
1月7日	昭和天皇祭	昭和天皇の崩御相当日に皇霊殿で行われる祭典（陵所においても祭典がある。）夜は御神楽がある。
1月30日	孝明天皇例祭	孝明天皇の崩御相当日に皇霊殿で行われる祭典（陵所においても祭典がある。）
2月17日	祈年祭（きねんさい）	三殿で行われる年穀豊穣祈願の祭典

春分の日	春季皇霊祭（しゅんきこうれいさい）	春分の日に皇霊殿で行われるご先祖祭
	春季神殿祭（しんでんさい）	春分の日に神殿で行われる神恩感謝の祭典
4月3日	神武天皇祭	神武天皇の崩御相当日に皇霊殿で行われる祭典（陵所においても祭典がある。）
	皇霊殿御神楽（こうれいでんみかぐら）	神武天皇祭の夜、特に御神楽を奉奏して神霊をなごめる祭典
6月16日	香淳皇后例祭（こうじゅん）	香淳皇后の崩御相当日に皇霊殿で行われる祭典（陵所においても祭典がある。）
6月30日	節折（よおり）	天皇陛下のために行われるお祓いの行事
	大祓（おおはらい）	神嘉殿の前で、皇族をはじめ国民のために行われるお祓いの行事
7月30日	明治天皇例祭	明治天皇の崩御相当日に皇霊殿で行われる祭典（陵所においても祭典がある。）
秋分の日	秋季皇霊祭	秋分の日に皇霊殿で行われるご先祖祭
	秋季神殿祭	秋分の日に神殿で行われる神恩感謝の祭典

10月17日	神嘗祭（かんなめさい）	賢所に新穀をお供えになる神恩感謝の祭典。この朝天皇陛下は神嘉殿において伊勢の神宮をご遙拝になる。
11月23日	新嘗祭（にいなめさい）	天皇陛下が、神嘉殿において新穀を皇祖はじめ神々にお供えになって、神恩を感謝された後、陛下自らもお召し上がりになる祭典。宮中恒例祭典の中の最も重要なもの。天皇陛下自らご栽培になった新穀もお供えになる。
12月中旬	賢所御神楽（かしこどころみかぐら）	夕刻から賢所に御神楽を奉奏して神霊をなごめる祭典
12月23日	天長祭（てんちょうさい）	天皇陛下のお誕生日を祝して三殿で行われる祭典
12月25日	大正天皇例祭	大正天皇の崩御相当日に皇霊殿で行われる祭典（陵所においても祭典がある。）
12月31日	節折（よおり）	天皇陛下のために行われるお祓いの行事
	大祓	神嘉殿の前で、皇族をはじめ国民のために行われるお祓いの行事

《年表》

応神天皇41年、阿知使主が工女兄媛を宗像大神に奉る。(『日本書紀』)

雄略天皇9年、天皇、凡河内直香賜と采女を遣わして、宗像の神を祭らせる。(『日本書紀』)

600年、第一次遣随使。

630年、第一次遣唐使。

646年、大化の薄葬令発布。

654年、宗像徳善(胸形君徳善)の娘の尼子娘が大海人皇子(後の天武天皇)との間に高市皇子を産む。

663年、白村江の戦い。

672年、壬申の乱。

673年、天武天皇即位。

673年、天武天皇の皇女大伯皇女が伊勢神宮の初代斎王として、泊瀬斎宮に入る。

676年、新羅が朝鮮半島を統一。

681年、天武天皇は天智天皇の第二皇子の川島皇子ら12人に帝紀及び上古の諸事の編纂を命じる。

685年、(伊勢)神宮式年遷宮の制を制定。

685年、天武天皇没。

690年、第1回伊勢神宮内宮式年遷宮。

692年、第1回伊勢神宮外宮式年遷宮。

696年、高市皇子没。

701年、大宝律令制定。

707年、元明天皇即位。

712年、『古事記』完成。

720年、『日本書紀』完成。

870年、新羅海賊の来寇。宗像大神は平安祈願の祭祀を行う。

894年、遣唐使廃止。

928年、『延喜式』完成。
967年、『延喜式』施行。
979年、宗像大社大宮司職設置。

◎参考文献◎

折口信夫『折口信夫全集　第九巻』（中央公論社　1955・12）

金両基『朝鮮の芸能』（岩崎美術社　1967・6）

折口信夫『古代研究1　祭りの発生』（中央公論新社　1975・9）

真弓常忠『神道の世界』（朱鷺書房　1984・12）

真弓常忠『神と祭りの世界』（朱鷺書房　1985・11）

中野幡能『宇佐宮』（吉川弘文館　1985・10）

谷川建一監修『別冊太陽』（平凡社　1986・9）

東野治之『遣唐使』（岩波新書　2007・11）

服部英雄『宗像の島々・小呂島、沖ノ島、大島の歴史と地誌』（「宗像・沖ノ島と関連遺産群」世界遺産推進会議　2011・3）

高慶秀平『韓国における祭祀遺跡・祭祀関連遺物―沖ノ島祭祀の位置づけのための比較検討資料―』（「宗像・沖ノ島と関連遺産群」世界遺産推進会議　2011・3）

小田富士雄『沖ノ島祭祀遺跡の再検討―4〜5世紀宗像地方との関連で―』(「宗像・沖ノ島と関連遺産群」世界遺産推進会議　2011・3)
小田富士雄『沖ノ島祭祀遺跡の再検討2』(「宗像・沖ノ島と関連遺産群」世界遺産推進会議　2012・3)
小田富士雄『沖ノ島祭祀遺跡の再検討3』(「宗像・沖ノ島と関連遺産群」世界遺産推進会議　2013・3)
西谷正『韓国の「沖ノ島」―竹幕洞祭祀遺跡』歴史書新刊ニュース(歴史書懇話会　2014・3)
『沖ノ島―守り、伝える―』(「宗像・沖ノ島と関連遺産群」世界遺産推進会議　2014・3)
季刊『邪馬台国』121号(梓書院　2014・3)
『宗像大社国宝展』(図録)(出光美術館　2014・8)
奴国前史『早良の青銅器と弥生墳墓』(福岡市立博物館　2015・4)
『王の鏡〜平原王墓とその時代』(図録)(糸島市立伊都国歴史博物館　2016・10)

◎写真ほか資料提供◎

宗像大社（168）
福岡県世界遺産登録推進室（扉、2、14、18、20、30、40、44、48、54、187、196、198、203、213、230、236）
福岡県春日市教育委員会（61、125、172）
王塚装飾古墳館（104、133）
高輪神社（256）
※福岡県世界遺産登録推進室提供の画像や図の多くは、刊行本からの複製のため、不鮮明なものがあります。（　）内は掲載頁を示します。

あとがき

２０１５年の夏、ふと夏休み気分で宗像大社に参詣した折、宗像大社の神宝館（しんぽうかん）に立ち寄ったのが、わたしが沖ノ島の祭りの世界に興味を抱くきっかけでした。話題の金銅製の龍頭や金製の指輪（「なんて小さいんだろう。そうか指輪だったんだ」が第一印象でした）、そして銅鏡の数々にも目を奪われました。それと同時に、ミニチュアの祭祀品の多さと種類の多さに驚き、それらの使い途に強く興味を抱きました。神宝館で購入した『宗像大社国宝展』の図録は、出土品（国宝）の写真と解説が充実していて、沖ノ島の入門書としてとても役に立ちました。

折も折、福岡県は世界遺産登録推進室を設け、「神宿る島」宗像・沖ノ島と関連遺産群の平成29年の世界遺産登録に向けた活動を精力的に行っていて、その一環として沖ノ島の研究報告書などの刊行物を発行していました。それらの報告書は、沖ノ島の出土状況や出土品について、有り余るほどのデータを提供してくれていました。

わたしの頭の中で、数々の宝物が動き始めました。考古資料、考古学者の論説、宗教学者の論説、民俗学者の論説、歴史学者の論説、そして『記紀』などの文献資料などを参考資料として、あるときは数学の確立の問題を解くような気持ちで、またあるときはパズルを完成させるような気持ちで、常に想像力を働かせて、一つひとつ解明をはかりました。その結果、いくつもの「新説」を得ました。装飾古墳の壁画の絵も、大方読み解けるまでになったかと思います。

あるとき、私の娘が運営するアイリッシュハープ教室の生徒（全員女性）数人に祭祀品の破砕のことやクリスマスツリー状態のご神木のことや沖ノ島と『古事記』の関係のことなど、わたしが特に興味をそそられたことを話したことがあります。誰もが興味深そうに耳を傾けてくれました。まだ書いてる途中なのに「本はいつ出るんですか？」と尋ねる生徒もいました。そのときからです。伝えたいことを出来るだけ多くの人に伝わる文章を書こうと思ったのは。そのためには「ですます調」の方が良いと判断しました。用語も「祭具」と「祭祀品」のどちらを使うか迷いましたが、「祭具」の用語が適切と判断した場合を除き、「祭祀品」を使うことにしました。

わたしが2012年から始めたブログを通して、女性の神社ファンや古墳ファンが多いことを知りました。本文を入稿したあと、わたしのブログに「いいね！」を付けてくれた神社ガールのブログで、「厄除けの大皿割り」という行事を行っている神社があることを知りました。弥生時代にまで起源が求められる祭祀品の破砕の風習は、現在、某神社の行事にこういう形でも受け継がれていることを教えてもらいました。

入稿したあと、もう一つ知ったことがあります。宇佐市にある円墳（前方後円墳との説も）葛原古墳（5世紀後半）の表面には埴輪の破片が散布されていたそうです。この地域の古代日本人は、被葬者の「新生・再生」を願い、埴輪を割って、被葬者を見送ったのでしょうか。

右文書院創業100周年を心よりお祝い申し上げます。昨年の2017年に右文書院と巡り会えたご縁に深く感謝します。この記念すべき年に、歴史ある右文書院よりわたしの本を世に送り出せることを心より嬉しく思います。

わたしの拙稿を温かく迎い入れて下さった右文書院社主の三武義彦氏に、本書を書き上げた当初から本の内容や出版について良き相談役になって下さったNTT出版の水木康文氏に、わたしの質問に毎回快くご回答下さった宗像大社の権禰宜の大塚宗延氏と黒神直豊氏に、そして何点もの貴重な画像等をご提供下さった福岡県世界遺産登録推進室担当者様に謝意を表させていただきます。

本書を旧筑前国宗形郡の宗像市と福津市と縁のある皆さまに加え、天国の大海人皇子（おおあまのおうじ）、尼子娘（あまこのいらつめ）、出光佐三氏、そして、学生時代からの親友で、若き日に世界の音楽を紹介し、普及すべく創刊した音楽雑誌で共に夢を見て過ごした民族音楽プロデューサーの星川京児君（２０１６年他界）に贈ります。

ところで、かつて沖ノ島の祭りの花形の祭祀品だったミニチュアの祭祀品は、今日どう受け継がれているのでしょうか？

神事「大祓式（おおはらえしき）」では、人形や車形となって、人々の罪や穢（けが）れを祓うために霊威を振るわれています。

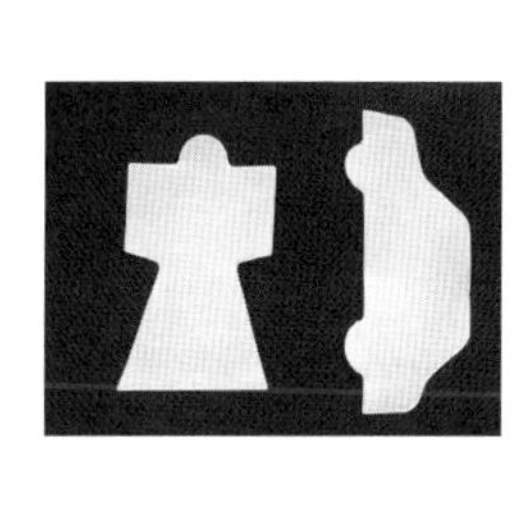

平成30年正月

著者

著者プロフィール

堀田はりい（ほった はりい）

1952 年福岡市生まれ。
早稲田大学商学部卒。
日韓伝統文化研究家。音楽解説者。作家。
1984 年包出版設立。
民族音楽雑誌「包」（パオ）初代編集長。
1980 年代半ば、取材を通して韓国の伝統芸能に出逢ったのをきっかけに日韓の古代史や伝統芸能の研究を始め、民俗学者谷川健一氏に民俗学・古代史を学ぶ。

著書：歴史小説「東遊伝～鷹王と八百万の神々」（梓書院）
物語風論文：「われは能の翁、生まれし地は六郷満山」（宇佐文学）
「卑弥呼は宇佐神宮に眠る」（宇佐文学）
童話「ショーンとエマ～ネコの、ふしぎふしぎな物語～」①②③
（Monogatari Factory。電子書籍）
日韓伝統文化と猫のブログ「東遊伝のはりいと猫サリー」のブログの管理人。

日本の黎明（あけぼの）
神宿る沖ノ島——古代日本人が見えてくる

2018 年 3 月 5 日　第 1 刷発行

著　者　堀田はりい
　画　梅田紀代志
発行者　三武義彦
発行所　株式会社右文書院
東京都千代田区神田駿河台 1-5-6 ／郵便番号 101-0062
Tel. 03-3292-0460　Fax. 03-3292-0424
http://www.yubun-shoin.co.jp
mail@yubun-shoin.co.jp
製版・印刷　東京リスマチック株式会社
製本　壺屋製本　　用紙　富士川洋紙店

ISBN978-4-8421-0789-9　C1002